Gernot Minke

Dächer begrünen

– einfach und wirkungsvoll

Gernot Minke

Dächer begrünen
– einfach und wirkungsvoll

Planung, Ausführungshinweise und Praxistipps

ökobuch

Staufen bei Freiburg

www.oekobuch.de

Die Anwendungsempfehlungen und Kon-
struktionsbeispiele in diesem Buch wurden
nach bestem Wissen zusammengestellt. Für
die praktische Umsetzung lassen sich dar-
aus jedoch keine Haftungsansprüche gegen-
über Autor oder Verlag ableiten.

Die Deutsche Bibliothek - CIP-Einheitsaufnahme

Minke, Gernot :
Dächer begrünen : einfach und wirkungsvoll ;
Planung, Ausführungshinweise und Praxistipps /
Gernot Minke. - 1. Aufl.. - Staufen bei Freiburg :
ökobuch, 2000
   ISBN 3-922964-82-6

ISBN 3-922964-82-6

1. Auflage 2000
2. verbesserte Auflage 2003

Layout: usw., Uwe Stohrer, Freiburg
Druck: fgb Freiburger Graphische Betriebe

Inhaltsverzeichnis

1. Historische Beispiele

Begrünte Dächer sind seit Jahrhunderten sowohl im kalten Klima Islands (Abb. 1.1), Skandinaviens (Abb. 1.2), USA (Abb. 1.3) und Kanadas als auch im heißen Klima Tansanias (Abb. 1.4, 1.5) bekannt. In kalten Klimazonen „wärmen" sie, indem sie die Wärme des Innenraumes speichern, im heißen Klima „kühlen" sie, da sie die äußere Wärme vom Innenraum fernhalten. Die Vegetation bewirkt jeweils zusammen mit der aufgeschichteten Erde einen Ausgleich der Temperaturschwankungen im darunterliegenden Wohnbereich, indem auf natürliche Weise Wärme sowohl gespeichert als auch gedämmt wird.

Wie wirksam das Wärmespeicher- und Wärmedämmvermögen eines Grassodendaches sein kann, zeigt das traditionelle grassodenbedeckte Torfsodenhaus Islands (Abb. 1.1). Es wurde ohne künstliche Heizung auch im Winter bewohnt, allein die von den Menschen erzeugte Wärme sorgte für eine ausreichende Raumtemperatur. Das Dach besteht aus 2 oder 3 Lagen Torfsoden, die auf Ästen und Zweigen liegen und von dicken Grassoden abgedeckt werden. Obwohl die Dachkonstruktion von Natur aus nicht wasserdicht ist, sickern bei ausreichender Dachneigung Regen- und Schmelzwasser in der Regel nicht durch, denn Torf saugt kein Wasser auf, wenn er völlig trocken ist.

In einer ähnlichen Technik wurden die Grassodenhäuser der Siedler im Norden der USA und Kanadas vor etwa 100 Jahren errichtet. Die Bauweise dieser Häuser stammt vermutlich aus Nordeuropa. Die 60 bis 90 cm dicken Wände sind aus 10 cm dicken Grassoden gebaut, die wie Mauersteine mit der Grasnarbe nach unten verlegt werden. Die Dachkonstruktion besteht aus einem Pfettendach, der Dachaufbau aus Zweigen, Präriegras und 2 Lagen Grassoden (Abb. 1.3).

1.1 Traditionelle Grassodenhäuser, Island

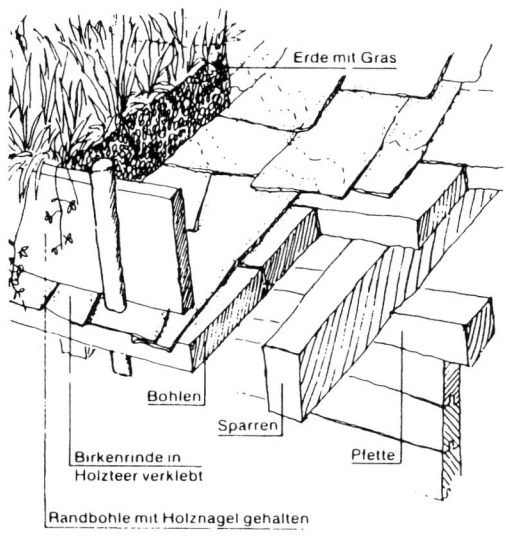

1.2 Aufbau traditioneller skandinavischer
Grasdächer (Minke, Witter 1982)

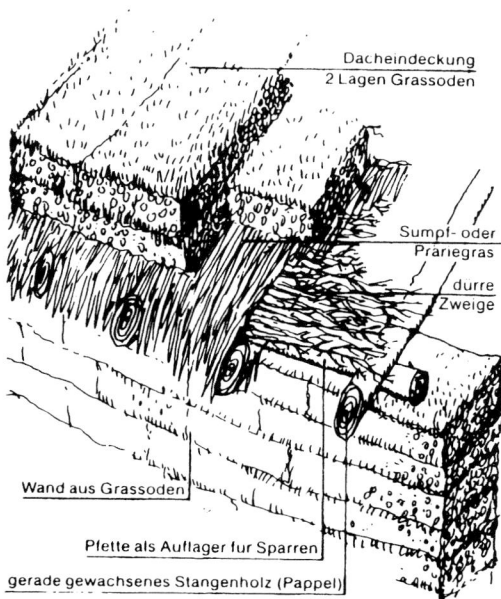

1.3 Aufbau eines mit Grassoden bedeckten
„Sodhouses", USA (Minke, Witter 1982)

Das traditionelle Grasdach Skandinaviens
hat eine Neigung von 30° bis 45° und wird
aus einer etwa 20 cm dicken Grassoden-
schicht gebildet, die auf mehreren Lagen
Birkenrinde verlegt ist (Abb. 1.2). Die Birkenrinde, die wegen ihres hohen Gerbsäu-
regehaltes relativ widerstandsfähig gegen
Verrotten ist, wurde traditionell mit Holzteer verklebt, um eine wurzelfeste und wasserdichte Schicht zu erhalten. Da Holzteer
als krebserzeugend eingestuft ist, ist diese
Lösung nicht zu empfehlen. Außerdem soll
die Lebensdauer dieser Dachhaut nur etwa
20 Jahre betragen.

In Berlin wurden ab Mitte des 19. Jahrhun-
derts die zum Innenhof hin flach geneigten
Dächer der viergeschossigen Blockbebau-
ung häufig als sogenannte „Holzzementdä-
cher" ausgebildet. Zur Abdichtung der Dächer verwendete man zwischen Papierlagen
Teer, der bei der Kohlevergasung und Holz-
kohleherstellung als Abfall anfiel und deck-
te diese Schicht aus Brandschutzgründen
mit Kies und lehmiger Erde ab. Auf diesen
Dächern entwickelte sich dann in der Regel
eine Spontanvegetation. Noch heute sind
in Berlin einige auf diese Weise begrünte,
inzwischen über 90 Jahre alte Dächer erhalten (Ohlwein 1984, Darius u. Drepper
1985).

Abb. 1.6 zeigt ein Grasdach über einer
Brauerei in Berlin. Die Vegetation gedeiht
seit 1925 und das Dach hat die Jahrzehnte
ohne Pflege und Reparatur überstanden.
Zwar zeigt die Dachdichtung aus Teerbah-
nen ein paar Undichtigkeiten, die aber bis-
her zu keinen gravierenden Problemen geführt haben, da sich unter dem Dach ein
belüfteter Hohlraum befindet. Die Bretter
unter dem Grasdach zeigen an einigen Stellen durch Wassereinfluss bedingte Verfärbungen. Da sie aber nach der Befeuchtung
immer wieder austrocknen konnten, blieb
ihre Tragfähigkeit erhalten.

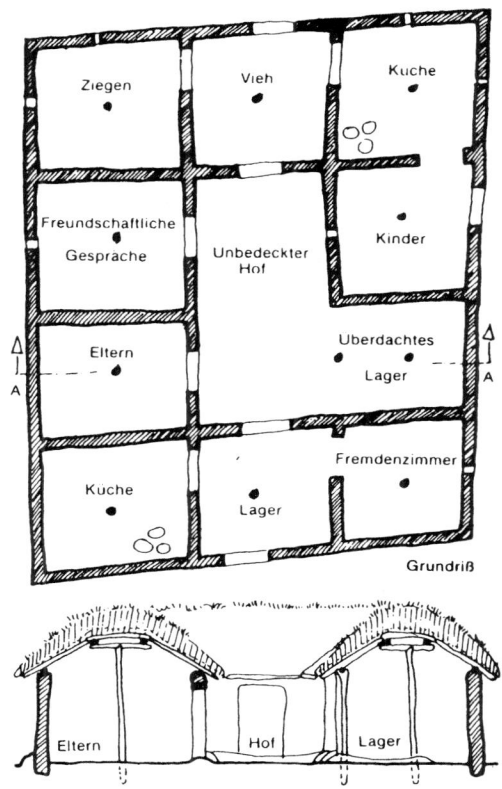

1.4, 1.5 (links und rechts oben)
Hehehaus, Tansania (Minke, Witter 1982)

1.6 (rechts unten)
Grasdach über einer Brauerei, Berlin-Moabit

2. Dachbegrünung: Funktion und Wirkung

Grüne Dächer aus ökologischer und ökonomischer Sicht

Durch die Konzentration von Gebäuden und Verkehr ist das Leben in unseren Städten ungesund: Autos und Heizanlagen verbrauchen den knapp gewordenen Sauerstoff und produzieren Schadstoffe im Überfluss. Riesige Beton- und Asphaltflächen führen zu einer Überhitzung des Stadtklimas und bewirken, dass die am Boden abgelagerten Schmutz- und Schadstoffpartikel durch die entstehende Thermik nach oben gewirbelt und über die ganze Stadt verteilt werden. An Sommerabenden können im Zentrum einer Großstadt Lufttemperaturen gemessen werden, die um 4 bis 11°C höher liegen als in den Vororten (Lötsch 1981).

Die Verschmutzung und Überwärmung der Luft über Stadtgebieten löst eine erhöhte Gewittertätigkeit aus. So wurde beispielsweise ermittelt, dass die durchschnittliche jährliche Niederschlagsmenge im Stadtgebiet von Köln um 27% höher war als im Umland.
Nach Lötsch haben Städte – bedingt durch den Schwebstoffgehalt und die entstehende Dunstglocke – bis zu 15% weniger Sonnenscheinstunden und eine je nach Jahreszeit 30 bis 100% größere Nebelhäufigkeit.

Begrünte Vorgärten und Höfe, vor allem aber begrünte Dächer und Fassaden, können das ungesunde Stadtklima entscheidend verbessern: Die Luft wird gereinigt, die Staubaufwirbelung stark reduziert und die belastenden Temperatur- und Feuchtigkeitsschwankungen verringert. Um ein gesundes Stadtklima zu schaffen, würde es wahrscheinlich ausreichen, 10 bis 20% aller Dachflächen in der Stadt zusätzlich zu begrünen, denn ein ungemähtes Grasdach hat durchschnittlich 5 bis 10 mal so viel Blattoberfläche wie eine gleichgroße Fläche in einem öffentlichen Park (vgl. Kap. 3, Seite 21).

Man kann von der Annahme ausgehen, dass in großstädtischen Innenbereichen 1/3 der Fläche durch Gebäude überbaut sind, 1/3 durch Straßen und Plätze zusätzlich versiegelt, und nur 1/3 aus Grünflächen bestehen und somit unversiegelt sind. Würde dort nur jedes fünfte bis zehnte Dach ein Grasdach erhalten, so wäre die Menge der Blattoberfläche in dieser Stadt verdoppelt.

Neben der Verbesserung des Stadtklimas bewirken begrünte Dächer für die Gebäude zusätzliche Wärmedämmung, Wärmespeicherung und Schallschutz. Außerdem sind sie langfristig gesehen wirtschaftlicher als konventionelle Dacheindeckungen (vgl. Kap. 11).

Begrünte Dächer tragen also wesentlich zu einem ökologisch-ökonomischen Bauen bei. Wie im folgenden beschrieben wird, tragen sie dazu bei:

- den Freiflächenverbrauch und den Anteil an versiegelter Fläche zu vermindern,
- Sauerstoff zu erzeugen und Kohlendioxid zu binden,

- Staub- und Schmutzpartikel aus der Luft zu filtern und Schadstoffe zu absorbieren,
- das Aufheizen der Dächer und damit die Staubaufwirbelung zu vermindern,
- die Temperaturschwankungen im Tag-Nacht-Zyklus zu reduzieren und
- die Feuchtigkeitsschwankungen in der Luft zu verringern.

Außerdem
- haben sie bei fachgerechter Ausführung eine nahezu unbegrenzte Lebensdauer,
- wirken wärmedämmend,
- schützen im ausgebauten Dachgeschoß im Sommer vor intensiver Sonneneinstrahlung,
- reduzieren Schall,
- gelten als nicht brennbar und
- verzögern den Regenabfluß, wodurch sie das Kanalsystem entlasten.

Und nicht zuletzt
- erzeugen Wildkräuter im Gründach aromatische Gerüche,
- bieten begrünte Dächer Lebensraum für Insekten und Käfer,
- ist ein Gründach ästhetisch und wirkt positiv und entspannend auf die menschliche Gemütsverfassung.

Entsiegelung

Täglich wird in Deutschland etwa 1 km² Fläche neu überbaut (Landesinstitut für Bauwesen 1998). Durch die extreme Zunahme der versiegelten Fläche entstehen in Ballungsgebieten negative Einflüsse auf den Wasserhaushalt, die Luftqualität und das Kleinklima. Das schlechte Klima in unseren Großstädten kann durch eine Vermehrung der Grünflächen insbesondere durch Begrünung von Gebäuden und durch Reduzierung der versiegelten Flächen wesentlich verbessert werden.

Dachbegrünungen reduzieren den Freiflächenverbrauch. Sie sind ein Beitrag zum sparsamen Umgang mit Grund und Boden entsprechend der Bodenschutzklausel des Baugesetzbuches § 1 (Mürb 1981). Extensivbegrünungen mit 10 – 20 cm hoher Gras-Kraut-Vegetation auf ca. 15 cm Substrat schaffen 5- bis 10-mal soviel Blattgrün pro Fläche wie eine öffentliche Parkanlage (siehe Kap. 3).

Dachbegrünungen können entsprechend §8 Bundesnaturschutzgesetz als Ausgleichs- und Ersatzmaßnahme bei Bauvorhaben herangezogen werden. Dies bedeutet, dass Dachbegrünungen Bodenversiegelungen, die durch Baumaßnahmen hervorgerufen werden, zumindest teilweise ausgleichen können. Eine 1996 durchgeführte Umfrage bei 339 Städten ergab, daß 41 Städte sowie 6 Bezirke in Berlin diese Möglichkeit in ihren Bestimmungen berücksichtigen (Dach + Grün 1997). Inzwischen gibt es weitere Kommunen, die dieses zulassen.

Einige Städte gestatten sogar eine dichtere Bebauung, das heißt eine Überschreitung der zugelassenen Grundflächenzahl, wenn eine Dachbegrünung vorgesehen wird.

Sauerstoffproduktion, Kohlendioxidverbrauch

Die Vegetation von Gründächern bindet, wie alle Pflanzen, Kohlendioxid aus der Luft und erzeugt dabei Sauerstoff. Dies geschieht bei dem als Photosynthese bezeichneten Prozess, bei dem aus 6 Molekülen CO_2 und 6 Molekülen H_2O bei einem Energieverbrauch von 2,83 kJ 1 Molekül $C_6H_{12}O_6$ (Glucose) und 6 Moleküle O_2 entstehen. Beim Prozess der Atmung (Respiration) wird zwar CO_2 produziert und O_2 verbraucht, jedoch werden dabei nur 1/5 bis

1/3 der durch die Photosynthese gewonnenen Substanzen wieder verbraucht. Solange das Blattgrün auf dem Dach zunimmt, wird also Sauerstoff erzeugt und Kohlendioxid verbraucht. Sind Wachstum und Absterben von Pflanzenteilen im Gleichgewicht, so bleibt immer noch der Vorteil, dass der Luft CO_2 entzogen wurde und in der Pflanze gespeichert bleibt.

Luftreinigung

Pflanzen können Staub- und Schmutzpartikel aus der Luft filtern. Die Partikel bleiben an der Oberfläche von Blättern haften und werden dann vom Regen in den Boden gespült. Daneben können Pflanzen aber auch gasförmige Schadstoffe und Aerosole absorbieren.

Untersuchungen von Bartfelder haben gezeigt, dass in hochbelasteten Innenstadtbezirken auch Schwermetalle vom Blattwerk gebunden werden (Bartfelder u. Köhler 1986).

Messungen an einer Schweizer Bundesstrasse ergaben, dass eine 1 m hohe und 0,75 m breite Hecke die Bleibelastung der dahinterliegenden Vegetation durch ihre Filterwirkung um 50% reduziert (nach Keller, erwähnt in Lötsch, 1981).

Verringerung der Staubaufwirbelung

Bewachsene Dächer vermindern das Aufheizen der Dachflächen erheblich. Ein nicht durch Pflanzen geschütztes, wärmeisoliertes, bekiestes Flachdach heizt sich in Mitteleuropa an einem Sommertag bei 25°C Lufttemperatur auf etwa 60°C auf, im Extremfall sogar bis auf 80°C. Dadurch entsteht über den Dächern eine vertikale Luftbewegung („Thermik"), die bei einer 100 m² großen Dachfläche 0,5 m/sec. betragen kann (Robinette 1972, S. 459). Diese bewirkt, dass die auf Straßen, Plätzen und Höfen abgelagerten Staub- und Schmutzpartikel wieder in die Luft geblasen werden und dass sich über den Wohngebieten Schmutz- und Dunstglocken bilden. Durch begrünte Dächer lässt sich diese Luftbewegung stark reduzieren, denn über Grasflächen entsteht keine Thermik, da bei Sonnenschein die Temperatur im Graspolster stets niedriger ist als die Lufttemperatur.

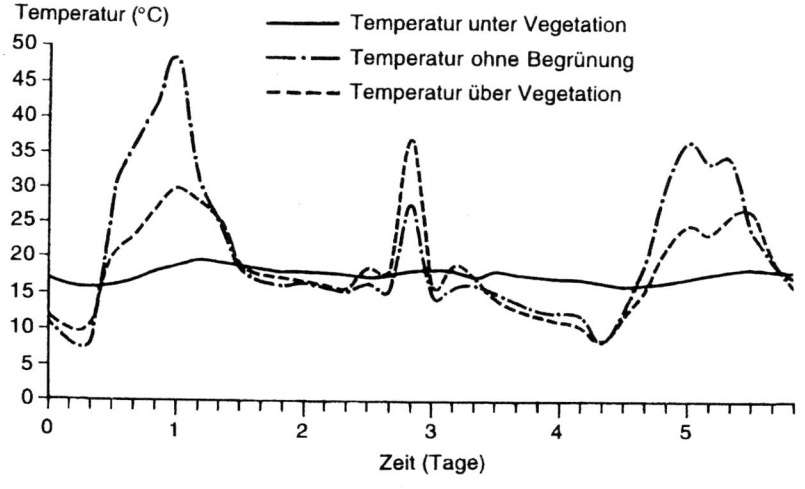

2.1
Temperaturverlauf bei einer Dachbegrünung in 10 cm Substrattiefe im Vergleich mit einer unbegrünten Dachfläche und der Lufttemperatur an einem heißen Sommertag (Kolb, Schwarz 1999)

Temperaturregulierung

Durch die Verdunstung von Wasser, durch die Photosynthese und durch die Wärmespeicherfähigkeit des in der Pflanze befindlichen Wassers entzieht die Pflanze ihrer Umgebung Wärme. Dieser Kühleffekt, der besonders an heißen Sommertagen spürbar wird, kann 90% der eingestrahlten Sonnenenergie aufbrauchen.

Bei der Verdunstung von einem Liter Wasser werden etwa 2,2 MJ (530 kcal) an Energie verbraucht. Kondensiert der Wasserdampf in der Atmosphäre, so kommt es zur Wolkenbildung, wobei die selbe Menge an Wärmeenergie wieder freigesetzt wird. Das gleiche geschieht, wenn die Feuchtigkeit nachts an Pflanzen kondensiert. Die morgendliche Taubildung an begrünten Fassaden und Dächern stellt somit eine Wärmerückgewinnung dar.

Pflanzen können also schon allein durch Verdunstung und Kondensation von Wasser die Temperaturschwankungen des Tag-Nacht-Zyklus reduzieren. Dieser Vorgang wird noch verstärkt durch die relativ große Wärmespeicherfähigkeit des in der Pflanze und im Substrat vorhandenen Wassers sowie durch die Photosynthese, bei der für je-des erzeugte Molekül $C_6 H_{12} O_6$ (Glukose) 2,83 KJ an Energie verbraucht wird. Während Pflanzen an warmen Sommertagen Wärme verbrauchen, also kühlen, erzeugen sie nachts und im Winter Wärme. Dies beruht auf der Freisetzung von Wärmeenergie beim Atmungsprozess, der umgekehrt wie die Photosynthese verläuft.

Die Abbildungen 2.1 und 2.2 zeigen die Ergebnisse von Temperaturmessungen an heissen Sommertagen bzw. kalten Wintertagen bei Dächern mit und ohne Begrünung. Die Messungen ergaben, dass bei Mittagstemperaturen von 30 bis 35°C in 10 cm Substrattiefe maximal 20°C herrschten. Bei nächtlichen Temperaturen um -10°C im Winter wurden in 5 cm Substrattiefe nur Temperaturen von 0 bis -1°C gemessen (Kolb, Schwarz 1999, S. 14).

Feuchtigkeitsregulierung

Pflanzen reduzieren auch Feuchtigkeitsschwankungen. Besonders bei trockener Luft verdunsten sie eine erhebliche Menge Wasser und erhöhen somit die relative Luftfeuchtigkeit. Nach Robinette (1972, S. 51 f.)

2.2
Temperaturverlauf in 5 cm Tiefe bei Gründach und Kiesdach im Vergleich mit der Lufttemperatur an einem kalten Wintertag (Kolb, Schwarz 1999)

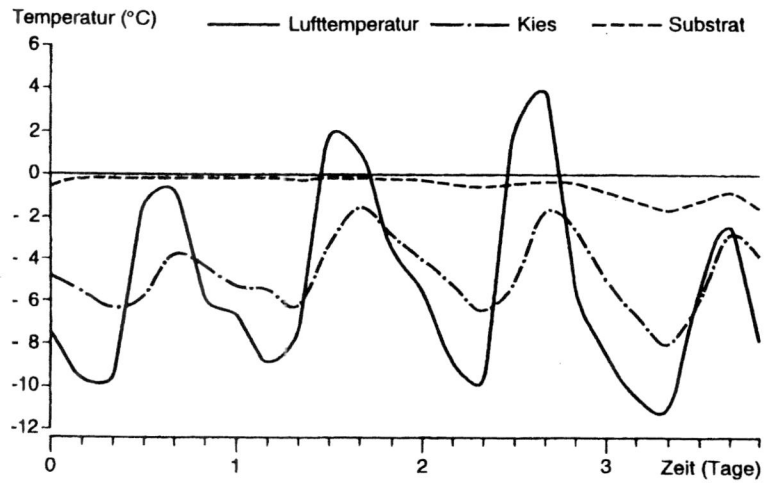

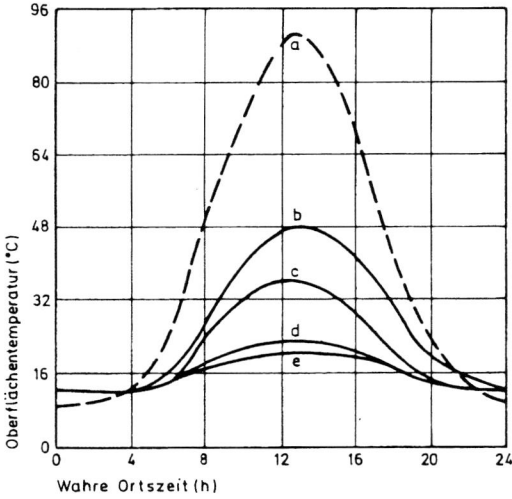

2.3 Temperaturverläufe unterschiedlicher Flachdachoberflächen an einem strahlungsreichen Sommertag, (Gertis et al. 1977)
a) Bitumenpappe, schwarz
b) Kiesschüttung, hell
c) reflektierender heller Anstrich
d) naß, künstlich bepflanzt
e) bepflanzt

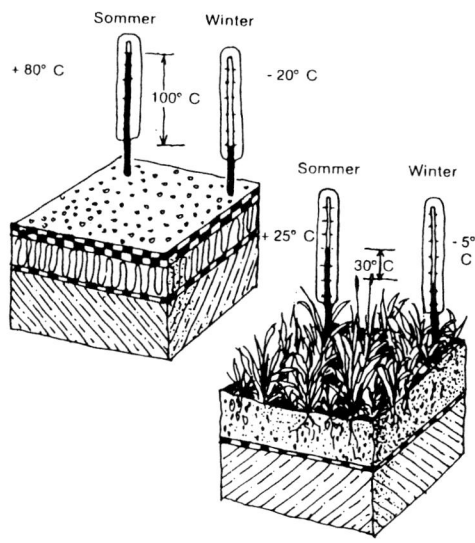

2.4 Maximale Temperaturschwankungen bei unbegrünten und begrünten Dächern (Minke, Witter 1982)

verdunstet an einem heißen Sommertag 1 ha Moorfläche etwa 23 m³, 1 ha eines Obstgartens etwa 1500 m³ und eine Buche etwa 0,28 – 0,38 m³ Wasser.

Andererseits können Pflanzen die Luftfeuchtigkeit durch Tauwasserbildung verringern. So kondensiert Nebel an den Blättern und Stängeln eines Gründaches und wird dann in Form von Wassertropfen in das Erdreich geleitet.

Schutz der Dachhaut, Lebensdauer

Die Haltbarkeit aller konventionellen Dächer, seien sie mit Bitumendachbahnen, Ziegeln, Schindeln, Reet, Blech, Wellplatten oder dergleichen abgedeckt, ist durch Witterungseinflüsse begrenzt.
Hitze, Kälte, Regen, ultraviolette Strahlung, Wind sowie Ozon und Industrieabgase bewirken mechanische Verletzungen und/oder chemische oder auch biologische Zersetzungsprozesse.
Bitumendachbahnen auf Flachdächern müssen im Jahresverlauf Temperaturunterschiede bis zu 100° C ertragen (-20° C bis +80° C). Wird dieses Dach extensiv begrünt, so reduziert sich der Temperaturunterschied auf ca. 30° C (vgl. Abb. 2.3, 2.4). Hinzu kommt, dass die Dachhaut vor der UV-Strahlung und vor mechanischer Verletzung vollkommen geschützt ist.

Während bei 80% der Flachdächer nach dem 2. Bauschadensbericht des Bundesministeriums für Raumordnung, Bauwesen und Städtebau nach 5 Jahren bereits erste Schäden auftraten, hat ein Gründach bei richtiger Wahl der Dachhaut und fachgerechter Ausführung der Anschlüsse eine nahezu unbegrenzte Lebensdauer, vgl. auch Kapitel 11.

14

Wärmedämmwirkung

Pflanzenpolster auf Dächern haben eine hohe Wärmedämmwirkung, die vor allem auf folgende Phänomene zurückzuführen ist:

- Das eingeschlossene Luftpolster wirkt wie eine Wärmedämmschicht. Je dichter und dicker das Pflanzenpolster ist, um so größer ist die Wirkung.

- Ein Teil der vom Gebäude abgestrahlten langwelligen Wärmestrahlung wird von den Blättern reflektiert, ein anderer Teil absorbiert. Dadurch verringert sich der Strahlungswärmeverlust des Gebäudes.

- Ein dichtes Vegetationspolster hält den Wind von der Substratoberfläche ab. Da dort kaum Luftbewegung stattfindet, ist der Wärmeverlust infolge von Wind nahezu null. Da bei älteren freistehenden Gebäuden ohne erhöhten Wärmeschutz der Wärmeverlust infolge von Konvektion (insbesondere durch Wind) über 50% betragen kann, schafft ein dichtes Pflanzenpolster hier die wirksamste Energieeinsparung.

- Frühmorgens, wenn die Außentemperatur am niedrigsten ist und somit die Temperaturdifferenz und der Wärmeverlust von warmen Innenräumen nach aussen am größten, bildet sich Tau an der Vegetation. Die Taubildung erhöht die Temperatur in der Vegetationsschicht (denn bei der Kondensation von 1 g Wasser werden ca. 530 Kalorien an Wärme frei), so dass dadurch der Transmissionswärmeverlust wieder reduziert wird.

- Durch die Wurzelatmung entsteht ein – wenn auch geringer – Wärmegewinn im Erdreich, der im Winter mit dazu beiträgt, dass das Erdreich nicht durchfriert.

- Da bei der Umwandlung von einem Gramm Wasser zu Eis ca. 80 Kalorien an Wärme frei werden, ohne dass die Temperatur sinkt, bleibt das gefrierende Erdreich sehr lange bei einer Temperatur von 0°C, auch wenn die Außentemperatur wesentlich niedriger liegt. Bei einer Temperatur von +20°C (innen), von -20°C (außen) und einer Erdtemperatur von ±0°C verringert sich der Transmissionswärmeverlust der Dachkonstruktion somit um 50%; d.h. die Wärmedämmwirkung ist doppelt so hoch wie bei dem gleichen Dach ohne Substrat und Vegetation. Beim Auftauen von Eis wird zwar die entsprechende Energie von 80 cal/g Eis für die Rückwandlung des Aggregatzustandes wieder verbraucht, da diese jedoch weitestgehend der Luft entzogen wird, entsteht insgesamt betrachtet durch diesen Latentspeichereffekt ein Wärmegewinn für das Dach.

Es gibt inzwischen mehrere Systeme mit wärmedämmenden Dränplatten, bei denen anerkannte Wärmedämmwerte vorliegen. Dürr geht davon aus, dass ein dichtes Graspolster ein λ von 0,17 W/mK und erdfeuchtes Substrat ein λ von 0,6 W/mK aufweist (Dürr 1995), vgl. auch Umweltbundesamt 1987.

2.5 Dachausbau mit Dachbegrünung, Berlin-Kreuzberg

Sommerlicher Wärmeschutz

Für ein ausgeglichenes Wohnklima im Dachgeschoss ist der Kühleffekt von Gründächern im Sommer noch bedeutender als die Wärmedämmwirkung im Winter.
Es wurde wiederholt festgestellt, dass bei Außenlufttemperaturen von 30°, die Temperatur im Erdreich des Gründachs nicht über 25° C stieg. Dies liegt einerseits daran, dass aufgrund der Verschattung durch die Vegetation die Sonnenstrahlen das Erdreich nicht erwärmen und dass andererseits die Sonnenenergie durch Wasserverdunstung, Reflexion und Aufnahme für die Photosynthese weitgehend aufgebraucht wird.
Abbildung 2.5 zeigt ein Beispiel aus Berlin-Kreuzberg, bei dem durch den Ausbau des Dachraums zusätzlicher Wohnraum geschaffen wurde. Durch die Dachbegrünung entstand unter dem Dach ein angenehmes Wohnklima.

Schallschutz

Pflanzen reduzieren den Schall durch Absorption (Umwandlung der Schallenergie in Bewegungs- und Wärmeenergie), Reflektion und Deflektion (Streuung). Untersuchungen eines Schweizer Laboratoriums ergaben, dass ein schwerer Teppich mit Filzunterlage weniger Schallschluckkapazität hat als ein Rasen (Robinette 1972, S.42). Messungen auf dem begrünten Flachdach eines Krankenhauses in Karlsruhe zeigten, dass der Verkehrslärm an der unmittelbar über dem Dachgarten liegenden Gebäudefront infolge von Absorption und verminderter Reflexion um 2 – 3 dB abnahm. Dabei wurden die hohen Frequenzen, die als besonders unangenehm empfunden werden, stärker gedämpft (Mürb 1981).

Bei begrünten Dächern ist in der Regel nicht die schalldämmende Wirkung der Pflanzen entscheidend, sondern die des Substrats, auf dem die Pflanzen wachsen. Bei senkrechtem Schalleinfallswinkel bewirkt die Pflanzenschicht lediglich eine geringfügige Verminderung des Schalls hoher Frequenzen durch Absorption, während die Schalldämmung der Erdschicht bei einer Dicke von 12 cm etwa 40 dB beträgt und bei einer Dicke von 20 cm etwa 46 dB, vgl. Abb. 2.6.

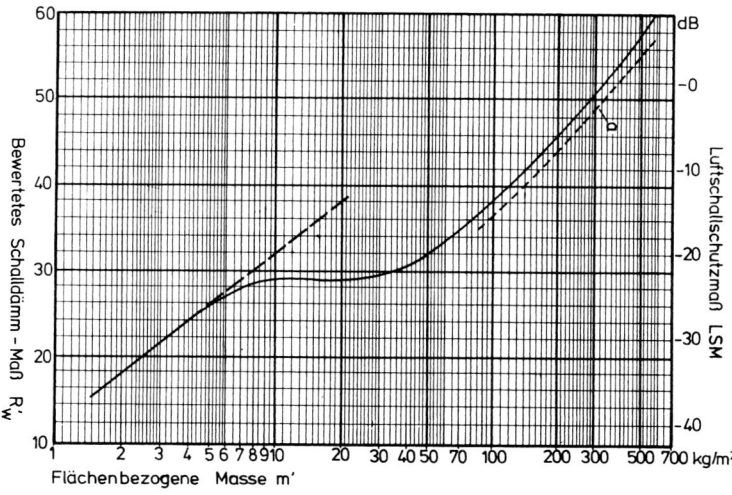

2.6
Abhängigkeit der Luftschalldämmung vom Flächengewicht (Gösele, Schüle 1983)

Brandschutz

Eine Dachbegrünung bietet einen idealen Brandschutz für brandgefährdete Dächer. Begrünte Dächer gelten als nicht brennbar und werden als harte Bedachung eingestuft. Bei Brandabschnitten und Öffnungen in der Dachfläche gelten besondere Anforderungen (siehe Kap. 3, Seite 33).

Wasserrückhaltefähigkeit

Ein begrüntes Dach mit 20 cm Substrat aus Erde und Blähton kann nach Dürr (1995, Seite 39) 90 mm Wasser speichern (= 90 Liter pro m²), das entspricht in der Bundesrepublik etwa der Niederschlagsmenge von einem Monat.

Aufgrund ihres Wasserrückhaltevermögens tragen begrünte Dächer zur Verringerung der „Hochwasserspitzen" bei. Nach DIN 1986, Teil 2, darf der Regenwasserabflussbeiwert bei begrünten Dachflächen mit mindestens 10 cm Aufbaudicke mit 0,3 angesetzt werden. Das bedeutet, dass nur 30% der anfallenden Regenmenge abfließt und 70% im Gründach zurückgehalten werden bzw. verdunsten. Bei üblichen Dächern mit mehr als 3° Neigung muss dagegen mit einem Regenabfluss von 100% gerechnet werden.

Laut Messungen der Universität Gesamthochschule Kassel ist die Verzögerung des Regenabflusses nach einem starken Gewitterregen noch entscheidender für die Entlastung des Kanalsystems: Bei einem Gründach mit 12° Neigung und 14 cm Substratdicke wurde nach einem 18-stündigen starken Landregen eine zeitliche Verzögerung des Regenwasserabflusses von 12 Stunden ermittelt. Das Ende des Regenabflusses war dabei sogar erst 21 Stunden nach Ende des Regenereignisses eingetreten, vgl. Abb. 2.7. Der Regenabfluss betrug in diesem Zeitraum nur 28,5% (Katzschner 1991). Dabei

ist anzumerken, dass das Substrat zu 50% aus sandigem Oberboden und zu 50% aus geschlossenporigem Blähton der Körnung 8-16 mm bestand und die Vegetation nur schwach entwickelt war. Somit hatte das Gründach eine geringere Wasserspeicherwirkung als üblich und heutzutage gefordert ist. Das bedeutet, dass in diesem Fall bei einem rechnerisch anzunehmenden „15-Minuten-Regen" in der Regel der Regenabfluss gar nicht relevant wird.

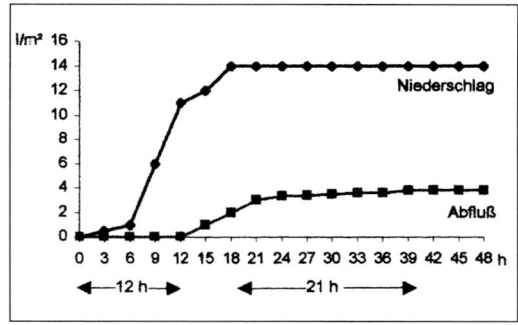

2.7 Niederschlags- und Abflussmengen eines geneigten Gründachs vom 24.9.89, 21 h bis zum 26.9.89, 21 h nach einem 18-stündigen Landregen (n. Katzschner 1991)

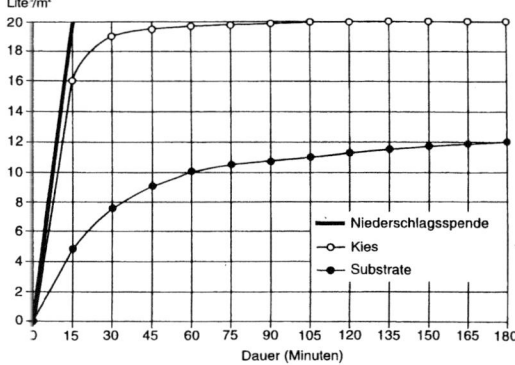

2.8 Regenabfluss aus Dachsubstraten bei 10 cm Gesamtdicke im Vergleich mit Kies bei Flachdächern (Kolb, Schwarz 1999)

Grasdächer mit 45° Neigung, Siegen-Oberscheiden

Wohnhaus, Ökologische Siedlung Kassel

2.9   Gras-/Kraut-Dach, Ökologische Siedlung Kassel

2.10 Gras-/Kraut-Vegetation über Lehmkuppel-Dach, Ökologische Siedlung Kassel

Bei Versuchen der Bayerischen Landesanstalt für Weinbau und Gartenbau in Veitshöchheim wurde ermittelt, dass bei einer Substratstärke von lediglich 10 cm, bei einer Regenintensität von 20 l/m² in 15 Minuten, in der gleichen Zeit lediglich 5 l/m², bei einem Kiesdach dagegen 16 l/m² abflossen (vgl. Abb. 2.8).

Diese Untersuchungen zeigen, dass Gründächer durch ihre Puffer- und Verzögerungswirkung die städtischen Kanalnetze erheblich entlasten, die stets für die maximal anfallenden Niederschlagsmengen dimensioniert werden müssen. Somit kann bei größeren begrünten Siedlungen und Gewerbegebieten das Kanalsystem geringer dimensioniert werden. Bei getrennten Abwassersystemen können die Regenwasserkanäle entfallen, wenn das restliche Wasser auf dem Grundstück versickern kann.

Geruchswahrnehmungen

Wildkräuter im Gründach, wie beispielsweise Thymian, Lavendel, Federnelke und Geröllnelke erzeugen aromatische Gerüche, die als angenehm empfunden werden. Dächer mit Bitumenbahnen dagegen emittieren bei Sonneneinstrahlung Ausdünstungen, die nicht nur unangenehme Gerüche verbreiten, sondern auch gesundheitsschädlich sein können.

Lebensraum für Insekten

Begrünte Dächer mit Wildgräsern und Wildkräutern bieten vor allem Schmetterlingen, Hummeln und Laufkäfern einen Lebensraum. Dächer mit Heidekraut sind eine hervorragende Bienenweide.

Ästhetische und psychologische Wirkungen

Anders als es bei einem Kiesdach oder einem Dach mit schwarz-grauen Bitumenbahnen der Fall ist, wirkt der Anblick eines Daches mit einer Wildkräuterwiese durch die natürliche Schönheit der Begrünung wohltuend auf die menschliche Gemütsverfassung und Seelenlage. Der Blick ins Grüne beugt depressiven Stimmungen vor und erhöht die Leistungsbereitschaft. Eine Wildgräserwiese auf dem Dach bewegt sich im Wind, - die optisch wahrgenommenen Wellenbewegungen wirken beruhigend auf gestresste Menschen und anregend auf Ermüdete. Ein Gründach lebt, - und belebt den, der es ansieht.
Nicht nur die Jahreszeit verändert die Erscheinungsform des Gründaches, auch durch das Wetter und durch Samenübertragung, durch Vögel und Wind gibt es Veränderungen: es kommen neue Wildkräuter und Wildgräser aufs Dach und durch Frost und Dürre verschwinden einige Pflanzen wieder. Zurück bleibt eine Pflanzengesellschaft die Frost, Dürre und Wind übersteht, je nach Jahreszeit unterschiedliche Farben und Formen hat und die auch noch im Winter weitgehend grün ist.

Eingliederung in die Landschaft

Ein begrüntes Haus lässt sich leichter an die Umgebung anpassen, in die Landschaft eingliedern als ein unbegrüntes Haus (Abb. 2.9), insbesondere wenn das Dach bis zum Gartenniveau abgeschleppt ist und somit die Vegetation des Gartens direkt in dieVegetation des Daches übergeht (Abb. 2.10).

3. Grundlagen für die Planung – allgemeine Aspekte

Bedeutung der Blattoberfläche

Für viele positive Eigenschaften, wie beispielsweise die Luftreinigung, die Tauwasserbildung und die Wärmedämmwirkung ist die Dichte und die Dicke des Bewuchses und somit auch die Menge der Blattoberflächen ausschlaggebend.

Gemäß Untersuchungen des Forschungslabors für Experimentelles Bauen der Universität Kassel weist ein frisch gemähter Rasen von 3 – 5 cm Höhe etwa 6 – 9 m² Blattgrün pro m² Bodenfläche auf, während eine ungemähte Wiese mit bis zu 60 cm hohen Gräsern eine Blattoberfläche von 225 m² pro m² Bodenfläche hat, vgl. Abb. 3.1. Bei einem gut ausgebildeten Grasdach ist die Blattgrünfläche pro m² Dach zwischen 50 bis 100 m² groß, bei einem Sedumdach dagegen nur 1 bis 5 m².

Im Vergleich dazu hat eine öffentliche Parkanlage, deren Rasen regelmäßig gemäht wird (einschließlich der Wege) nur etwa 10 m² Blattgrün pro m² Bodenfläche.

Wer also einen besonders guten Wärmedämmeffekt während der Heizperiode und einen guten Kühleffekt bei intensiver Sonneneinstrahlung im Sommer erhalten will, sollte eine möglichst dichte Wildgräser-Vegetation oder eine Wildgräser-/Wildkräuter-Vegetation wählen.

Gründächer mit Sedum-Bewuchs mögen zwar schöner aussehen, weil sie zu Zeiten der Blüte farbiger sind, ihre ökologische und bauphysikalische Wirkung ist aber gering im Vergleich zur Wildgräserwiese auf dem Dach.

Gründächer mit Kräutern wie Klee, Schnittlauch und Margeriten, die häufig aus ästhetischen Gründen gewählt werden, haben weniger Blattfläche als Grasdächer und somit auch eine geringere positive bauphysikalische und klimatische Wirkung, aber immer noch wesentlich mehr Blattfläche als Dächer mit Sedum- oder Moos/Sedum-Vegetation.

Blattoberflächen verschiedener Vegetationsformen	
Untersuchte Vegetation	**Blattoberfläche je m² Bodenfläche bzw. Wandfläche**
Rasen: 3 cm hoch	6 m²
5 cm hoch	9 m²
Wiese mit 60 cm langen Gräsern	bis zu 225 m²
Grasdach im Sommer	**mehr als 100 m²**
Sedum, bis 8 cm hoch	1 m²
Sedum, sehr dicht bis 10 cm hoch	2,4 m²
Wilder Wein an Fassade: • 10 cm dick • 20 cm dick	3 m² 5 m²
Efeu an Fassade, 25 cm dick	11,8 m²

3.1 Blattoberflächen, lt. Untersuchungen des Forschungslabors für Experimentelles Bauen, Universität Kassel, 1981

Dachausbau mit Grasdächern, Berlin-Kreuzberg

Siedlung Laher Wiesen, Hannover-Bothfeld

Grasdachsiedlung Düsseldorf-Unterbach

Steildachbegrünung Bundesgartenschau Berlin 1985

Dachneigung

Die Dachneigung ist ausschlaggebend für den Aufbau des Gründaches und für die Art der Vegetation. Bei Flachdächern ohne ausreichende Substratstärke und ohne Dränageschicht entsteht bei starken Regenfällen Staunässe, die für viele Pflanzen schädlich ist, insbesondere für Gräser, da die Wurzelatmung stark beeinträchtigt wird. Um einen kostengünstigen Dachaufbau zu erhalten, sollte eine Mindestneigung von 5% vorhanden sein, weil dann eine besondere Dränageschicht unnötig wird. Dächer großer Länge mit mehr als 40% (22°) Neigung benötigen in der Regel besondere Vorkehrungen, die verhindern, daß das Substrat abrutscht (siehe Kapitel 5).

Entsprechend den *Flachdachrichtlinien* (Zentralverband des D.D., 1992) benötigen Dächer zur Ableitung von Regenwasser ein Gefälle von mindestens 2%. Dächer mit einer Dachneigung unter 2% werden als Sonderkonstruktionen eingestuft, die spezielle Maßnahmen erfordern. Nach FLL (1995) wird dann eine entsprechend dimensionierte Dränschicht erforderlich. Bei 5% Gefälle ist eine gesonderte Dränschicht nicht mehr notwendig, wenn das Substrat ausreichend Wasser speichern kann und eine ausreichende Dränwirkung hat.

Art der Begrünung

Auf dem Flachdach einen Nutzgarten anzulegen und Gemüse oder Salate anzupflanzen ist zwar möglich, aber wenig sinnvoll. Der Extremstandort auf dem Dach mit seiner erhöhten Windbelastung sowie die relativ geringe Substrathöhe erzeugen starke Temperatur- und Feuchtigkeitsschwankungen, die dem Wachstum von Kulturpflanzen nicht zuträglich sind.
Der Anbau von Obst, Gemüse und Salat gehört in den Garten und nicht aufs Dach! In diesem Buch werden deshalb Nutzgärten auf Dächern nicht behandelt.

In der Literatur sind begrünte Dächer in der Regel in zwei Gruppen eingeteilt: In *Intensivbegrünungen* und *Extensivbegrünungen*, wobei die Intensivbegrünungen entsprechend ihrem Aufwand und ihrer Substratdicke häufig weiterhin in *aufwendige* und *einfache* Intensivbegrünungen untergliedert werden.

Intensivbegrünung

Intensivbegrünungen umfassen Pflanzungen von Stauden, Gehölzen und Rasenflächen, wie sie auch im Freiland üblich sind. Sie sind nicht auf geneigten Dächern, sondern nur auf Flachdächern möglich. Erforderlich ist eine Substratstärke von mehr als 30 cm, außerdem müssen sie regelmäßig mit Wasser und Nährstoffe versorgt werden. Intensivbegrünungen sind wie eine Gartenanlage begehbar. Da sie besonders pflegeintensiv und kostenaufwendig sind

3.2   Dachneigungswerte in % und Grad.

Umrechnung der Dachneigungswerte von % in Grad und umgekehrt			
%	Grad	Grad	%
5	2,9	3	5,2
10	5,7	5	8,8
15	8,5	10	17,6
20	11,3	15	26,8
30	16,7	20	36,4
40	21,8	25	46,6
50	26,6	30	57,7
60	31,0	35	70,0
80	38,7	40	83,9
100	45,0	45	100

und gewissermaßen Dachgärten darstellen, werden sie hier nicht weiter behandelt. Nähere Informationen zu dieser Begrünungsart finden sich bei Kolb und Schwarz (1999), FLL (1995) und Stifter (1998).

Die sogenannte *einfache Intensivbegrünung* nach FLL (1995) ist zwischen Intensiv– und Extensivbegrünung anzusiedeln. Sie benötigt Substratstärken von 15 bis 30 cm mit einem Gewicht von 1,5 bis 2,5 kN/m² (150 bis 250 kg/m²). Die Vegetation besteht nach FLL aus einer bodendeckenden Begrünung mit Gräsern, Stauden und Gehölzen und ist weniger anspruchsvoll in bezug auf Wasserbedarf, Nährstoffversorgung und Pflegeaufwand als die *aufwendige Intensivbegrünung*. Besteht die Vegetation aus Wildgräsern und Wildkräutern, ergibt sich mit Ausnahme der Substrathöhe kein Unterschied zur extensiven Begrünung. (Dann ist aber auch keine Substrathöhe von mehr als 15 cm notwendig!)

Extensivbegrünung

Unter *Extensivbegrünung* wird eine naturnahe Bepflanzung bezeichnet, die mit geringen Substratdicken von 3 bis 15 cm und ohne Wasser- und Nährstoffzufuhr auskommt. Sie bildet eine dauerhafte, geschlossene Pflanzendecke. Die Gewichte betragen weniger als 1,6 KN/m² (160 kg/m²). Die Vegetation besteht aus dürreresistenten, frostharten Moosen, Sukkulenten, Kräutern oder Gräsern unterschiedlicher Zusammensetzung, die ohne Pflege auskommen und sich an die Bedingungen des Extremstandortes anpassen können. Das bedeutet, dass die Pflanzen sehr regenerationsfähig sein müssen. Aus diesem Grunde werden fast ausschließlich Wildpflanzen verwendet.

Näheres zum Aufbau und zur Begrünung siehe Kapitel 4.

Gewicht des Gründaches – Lastannahmen

Für die Dimensionierung der Dachkonstruktion ist als *ständige Last* das Gewicht des gesamten Dachaufbaus einschließlich Substrat im wassergesättigten Zustand sowie die Flächenlast der Vegetation zu berücksichtigen. Die Verkehrslast ist nach DIN 1055 anzusetzen. Dabei ist zu beachten, daß die Druckfestigkeit der Wärmedämmschicht ausreichend ist.

Beim Aufbau der Dachbegrünung muss eine punktuelle Überschreitung der zulässigen Belastbarkeit vermieden werden, wie sie durch das Begehen mit Lasten oder durch Lagerung von Materialien auf dem Dach entstehen kann. Dies kann z.B. geschehen, indem die Lasten über Bohlen, Schaltafeln und dergleichen flächig verteilt werden.

Für eine einlagige Vegetationsschicht mit porösen Leichtzuschlägen sind bei 10 cm Dicke im wassergesättigten Zustand für Extensivbegrünungen 1,0 kN/m² (100 kg/m²) als Last anzunehmen. Differenzierte Lastannahmen für Dränschichten und Vegetationstragschichten nach FLL (1995) sind in den Abb. 3.3 und 3.4 aufgeführt.

Zur Sicherung gegen Windsog sind bei Flachdächern Randstreifen mit erhöhtem Gewicht vorzusehen (siehe Abb. 3.5, Näheres in DIN 1055). Die zu berücksichtigenden Windsogkräfte sind für unbegrünte Flachdächer bis 8° Neigung in DIN 1055, Teil 4 für Eck-, Rand- und Mittenbereiche angegeben. Danach muss die Auflast das 1,5-fache des Windsoges betragen und liegt bei Dächern bis 8 m Höhe bei 1,5 kN/m² im Eckbereich, bei 0,75 kN/m² im Randbereich und bei 0,45 kN/m² im Mittenbereich.

Diese Kräfte, die für nicht begrünte Flachdächer gelten, sind jedoch bei Gründächern nicht wirksam.

Wohnhäuser in Dortmund

Studentenwohnheim Stuttgart-Hohenheim

Studentenwohnheim Stuttgart-Hohenheim

Lastannahmen für Substrate		
Substratgruppe **Substratart**	**Flächenlast** **je 1cm Schichtdicke**	
Bodengemische, Sandgemische		
Boden-Gemische mit mineralischen und organischen Zuschlagstoffen	16 – 18	0,16 - 0,19
Sand-Gemische mit mineralischen und organischen Zuschlagstoffen	16 – 18	0,16 – 0,18
Mineralische Schüttstoffgemische mit *hohem* Anteil an *organischer Substanz*		
Torf-Mineralstoff-Gemische (Stabilisierte Torfkultursubstrate)	10 – 13	0,10 – 0,13
Rindenhumus/Kompost-Mineralstoff-Gemische (Stabilisierte Rindenkultursubstrate)	11 – 12	0,11 – 0,13
Mineralische Schüttstoffgemische mit *geringem* Anteil an *organischer Substanz*		
Lava-Gemische	15 – 18	0,15 – 0,18
Bims-Lava-Gemische	13 – 16	0,13 – 0,16
Blähton und Blähschiefer-Gemische	10 – 13	0,10 – 0,13
Schlacken-Gemische	7 – 15	0,07 – 0,15
Ziegelbruch-Bimsgemische	15 – 18	0,15 – 0,18
Mineralische Schüttstoffe mit offenporiger Kornstruktur		
Lava 1/12 mm	11 – 13	0,11 – 0,14
Bims, gereinigt 1/12 mm	7 – 8	0,07 – 0,08
Bims, ungereinigt 1/12 mm	11 – 12	0,11 – 0,12
Blähton, gebr. 1/8 mm	7 – 8	0,07 – 0,08
Blähschiefer, gebrochen 1/11 mm	7 – 8	0,07 – 0,08
Recycling-Schüttstoffe		
Ziegelbruch 1/12 mm	10 – 13	0,10 – 0,13
Substratplatten		
Platten aus modifiziertem Schaumstoff	8 – 10	0,08 – 0,10
Platten aus Steinwolle	8 – 10	0,08 – 0,10

Lastannahmen für Dränschichten			
Stoffgruppe **Stoffart**	**Körnung** **in mm**	**Flächenlast je** **1cm Schichtdicke**	
		kg/m²	**kN/m²**
Mineralische Schüttstoffe			
Kies	4/8 - 8/16	16–18	0,16-0,18
Lava	1/5 - 4/12	11-14	0,11-0,14
Bims, gereinigt	2/4 - 4/12	7 - 8	0,07-0,08
Bims, ungereinigt	2/4 - 4/12	11-12	0,11-0,12
Blähton, ungebr.	4/8 - 8/16	5 - 6	0,05-0,06
Blähschiefer, ungebrochen.	4/8 - 8/16	6 - 8	0,06-0,07
Blähton, gebrochen	2/4 - 4/ 8	6 - 8	0,06-0,08
Blähschiefer, gebr.	2/4 - 4/11	6 - 8	0,06-0,08
	Schichtdicke in cm	**Flächenlast der Gesamtschicht**	
		kg/m²	**kN/m²**
Dränmatten			
Strukturvliesmatten	1,0	5,6-7,5	0,056-0,075
Kunststoffnoppenmatten	1,2	2,1-2,3	0,021-0,023
Fadengeflechtmatten	1,0	2,2-2,3	0,022-0,023
Fadengeflechtmatten	2,2	2,2-2,3	0,022-0,023
Schaumstoff-Flockenmatten	3,5	5,6-5,9	0,056-0,059

3.3 Lastannahmen für Dränschichten bei maximaler Wasserkapazität (nach FLL 1995)

3.4 Lastannahmen für Substrate bei maximaler Wasserkapazität (nach FLL 1995)

Die Rauhigkeit der Vegetationsoberfläche und vor allem die Luftdurchlässigkeit der Vegetationsschicht ermöglichen einen Druckausgleich zwischen Ober- und Unterseite der Schicht. Sie reduzieren deshalb die Windsogwirkung erheblich. Außerdem erfolgt durch die Wurzelverzahnung des Substrats eine Verteilung der Kräfte, wie sie beispielsweise bei der Einzelkornlagerung einer Kiesschicht nicht gegeben ist. Deshalb geben die „Dachgärtnerrichtlinien" des Deutschen Dachgärtnerverbandes für die extensive Begrünung von Flachdächern bei Gebäuden bis zu 8 m Höhe lediglich Mindestgewichte von 0,4 kN/m² im Mittelbereich und 0,8 kN/m² im Randbereich an und von 8 m bis 20 m Höhe entsprechend 0,65 bzw. 1,3 kN/m². Als Randbereich gilt eine Tiefe von 1/8 der Dachlänge, mindestens jedoch 1 m, maximal 2 m, siehe Abb. 3.4.

Die Praxis hat bewiesen, dass es zwar passieren kann, dass die Kieskörner im Randstreifen durch Windsog weggeblasen werden, ein gut verwurzeltes Grasdach mit 15 cm Substrat wird aber durch Windsog nicht beeinträchtigt. Dies könnte lediglich zutreffend sein bei Gründächern mit sparsamer schwachwurzeliger Vegetation, beispielsweise mit Sedum und extrem windgefährdeten Dachrändern in großen Höhen.

Dachhöhe und Himmelsrichtung

Windbelastung und Sonneneinstrahlung beeinflussen vor allem die Verdunstung und haben somit Einfluss auf die Pflanzenwahl. Mit der Höhe des Daches steigt die Windbelastung und damit auch die Verdunstung bei Pflanzen. Bei Dächern, die nach Süden geneigt sind, ist die Sonneneinstrahlung stärker, sie trocknen eher aus als nordgeneigte Dächer, so dass sich dort andere Pflanzengesellschaften ausbilden werden.

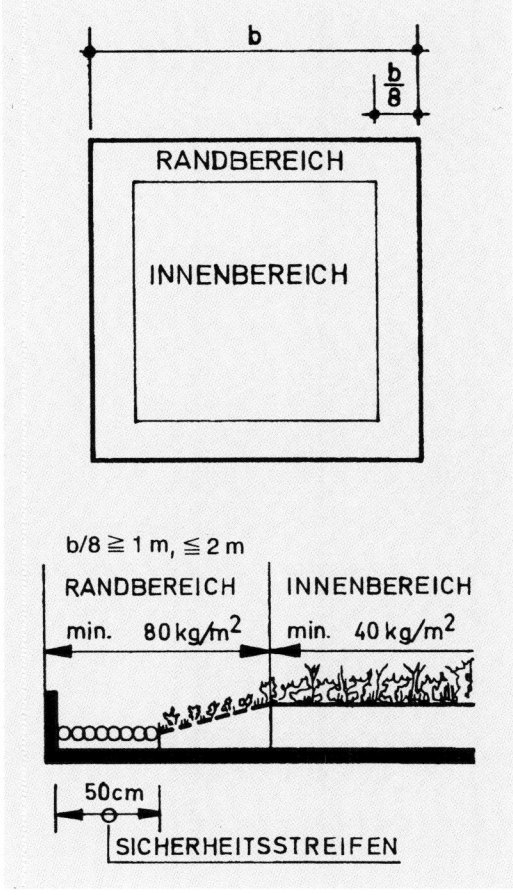

3.5 Mindestauflast für Dachränder (nach DDV 1985)

Begrünte Kegel, Weltausstellung EXPO 2000, Hannover

Grassodendächer, Island

Siedlung Laher Wiesen, Hannover-Bothfeld

Transport und Montage von Substrat

Das Substrat wird, sofern es nicht selbst gemischt wird, am einfachsten in Big-Bags (Behälter mit 0,8 – 2,5 m³ Inhalt) transportiert, per Kran oder Bagger auf das Dach gehoben und dort entleert. Bei niedrigen Dächern kann dies vorteilhafterweise mit dem Verladekran des Lieferfahrzeugs geschehen. Loses Material wird in der Regel mit dem Bagger oder mittels eines Dachdeckeraufzuges mit der Schubkarre befördert. Bei größeren Mengen lohnt sich der Transport mit Silobehältern bzw. Silozügen, von denen aus das Material auf das Dach geblasen werden kann.

Wird das Substrat vor Ort gemischt, beispielsweise aus Muttererde und gebrochenem Blähton oder Blählava, so kann dies sehr einfach mit einem Bagger oder Frontlader erfolgen. Bei niedrigen Dächern können diese Geräte das Material auch gleich auf das Dach heben. Bei höheren Dächern und kleineren Flächen bietet ein Dachdeckeraufzug meist die wirtschaftlichste Lösung. Bei der Baustelleneinrichtung muss für die einzusetzenden Geräte ein entsprechend großer Platz vorgesehen werden.

Nutzung, Begehbarkeit

Begrünte Dächer mit extensiver Begrünung sind nicht für die Nutzung durch den Menschen angelegt und sollten nur zum Zweck der Kontrolle oder ggfs. Pflege betreten werden. Anderenfalls müssen entsprechende Befestigungen für Wege- und Terrassenflächen eingeplant werden, beispielsweise mit Schotter, Platten oder Rosten.

Entwässerung

Die Dachabläufe für die Entwässerung sind entsprechend DIN 1986 zu planen. Innerhalb des Gründachs erfolgt die Entwässerung in der Dränschicht und im Substrat; bei extremen Regenfällen und bei dünnen Substratschichten auch oberflächlich.

Nach DIN 1986 Teil 2 sind bei begrünten Dachflächen folgende Regenwasserabflussbeiwerte (φ-Werte) anzusetzen:

- für Intensivbegrünungen 0,3
- für Extensivbegrünungen ab 10 cm Aufbaudicke: 0,3
- für Extensivbegrünungen unter 10 cm Aufbaudicke: 0,5

Die Angaben nach FLL (1996) weichen etwas davon ab. Sie geben für Begrünungen folgende Werte an:

- bei Aufbaudichten 25-50 cm: $\varphi = 0,2$
- bei Aufbaudichten 10-25 cm: $\varphi = 0,3$
- bei Aufbaudichten unter 10 cm: $\varphi = 0,5$

Bei stärker geneigten Dächern mit erhöhtem Oberflächenabfluss ist nach FLL unabhängig von der Dicke mit $\varphi = 0,7$ zu rechnen. Hier muss angemerkt werden, dass dieser Wert nur für sehr dünne Substratschichten gelten kann, bei denen der Regen überwiegend oberflächlich abläuft. Er ist für übliche Gründächer zu hoch angesetzt. Dies wird auch aus der Tatsache deutlich, dass eine Betondachfläche mit 3° Neigung nach DIN 1986 bereits einen φ-Wert von 0,8 hat.

Messungen an der Universität Gesamthochschule Kassel ergaben, dass bei einem Grasdach mit 12° Neigung und 14 cm Substratdicke weniger als 30% des Regenanfalls abfloss (Katzschner 1991).

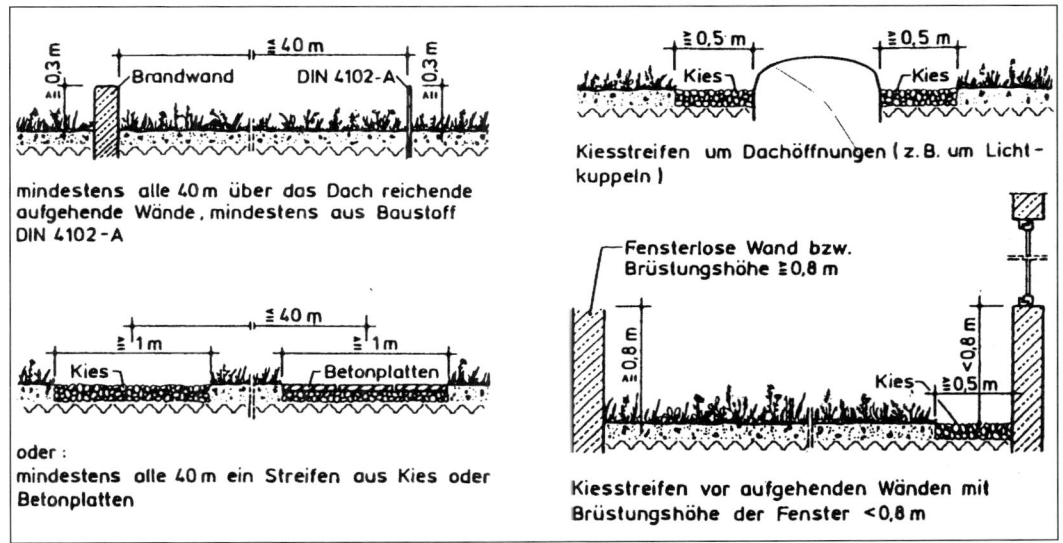

3.6 Brandschutzanforderungen bei Dachbegrünung (ZinCo 1993)

Brandschutz, Brandlast

Die von der ARGEBAU formulierten brandschutztechnischen Anforderungen für begrünte Dächer sind inzwischen von allen Bundesländern übernommen worden. Begrünte Dächer gelten als *harte Bedachung* und erfordern keine besonderen Maßnahmen zum vorbeugenden Brandschutz. Bei Intensivbegrünungen gibt es keine Einschränkungen, sofern die Vegetationsform eine geringe Brandlast darstellt. Bei Extensivbegrünungen gilt die Begrünung als *harte Bedachung*, wenn das Substrat mindestens 3 cm dick ist und weniger als 20% organische Bestandteile enthält. Außerdem ist ein vegetationsfreier Abstand von 50 cm bei Dachdurchdringungen und aufgehenden Bauteilen erforderlich, wenn die Brüstungshöhen aufgehender Bauteile nicht über 0,80 m hoch sind (Abb. 3.6). Bei einem Oberlicht mit Aufsatzkranz kann nach DIN 18234-3, Abs. 4.3.1 ein Kiesstreifen entfallen, wenn der Aufsatzkranz aus nicht schmelzenden Materialien (beispielsweise Stahlblech oder faserverstärktem Polyester) besteht, höher als 25 cm ist und die Oberkante des Aufsatzkranzes mindestens 8 cm mit einem Abdeckblech überdeckt ist. Diese Norm gilt für Industriebauten, die im allgemeinen strengere Vorschriften zu erfüllen haben als Wohnungsbauten.

Die Landesbauordnungen enthalten in der Regel keine Angaben hierzu; die Bundesländer haben dafür spezielle Erlasse erteilt.

Nachbarrecht

Die Rechtsprechungen, soweit sie sich mit Dachbegrünungen befassen, gehen davon aus, dass der Samenflug vom Gründach auf Nachbargrundstücke als unwesentliche Beeinträchtigung angesehen werden muss, in der Regel ortsüblich und unvermeidlich ist und deshalb hinzunehmen ist. So hat beispielsweise das OLG Frankfurt in seinem Urteil vom 14.07.87 (14 U 124/86) geschrieben: „Laubfall ist aber ebenso wie der Zuflug von Zweigen während der Herbst- und Frühlingswinde und das Umherfliegen von Samen im Sommer ... die Kehrseite der Annehmlichkeiten und Nützlichkeiten, die eine grüne Landschaft bietet," (nach Dürr 1995, S. 88).

Normen und Richtlinien

Als wichtigste Richtlinien bzw. Empfehlungen für extensive Dachbegrünungen sind zu nennen:

- DIN 1055: Lastannahmen für Bauten
- DIN 1986: Entwässerungsanlagen
- DIN 18195: Bauwerksabdichtungen
  Teil 5: Abdichtungen gegen nicht drückendes Wasser
  Teil 9: Durchdringungen, Übergänge, Abschlüsse
  Teil 10: Schutzschichten und Schutzmaßnahmen
- DIN 18338: Dachdeckungs- und Dachabdichtungsarbeiten
- DIN 18531: Dachabdichtungen
- DIN 18917: Vegetationstechnik im Landschaftsbau; Rasen und Saatarbeiten
- DIN 18919: Vegetationstechnik im Landschaftsbau; Entwicklungs- und Unterhaltspflege von Grünflächen
- Zentralverband des Deutschen Dachdeckerhandwerkes, e.V.: Flachdachrichtlinien, Müller Verlag, Köln 1992
- Deutscher Dachgärtnerverband e.V. Baden-Baden: Dachgärtnerrichtlinien, Baden-Baden 1985
- Forschungsgesellschaft Landschaftsentwicklung Landschaftsbau e.V.
- (FLL): Richtlinien für die Planung, Ausführung und Pflege von Dachbegrünungen, Bonn 1995
- FLL: Bewertung von Dachbegrünungen, Bonn 1996
- FLL: Verfahren zur Untersuchung der Durchwurzelungsfestigkeit bei Dachbegrünungen, Bonn 1995
- FLL: Regel-Saatgut-Mischungen RSM, Bonn 1996
- FLL: Gütebestimmungen für Stauden, Bonn 1994

4. Komponenten von Dachaufbauten

Allgemeines

Übliche Flachdachbegrünungen zeigen einen funktionsspezifischen Aufbau wie in Abb. 4.1 dargestellt. Das Substrat ist dabei zweischichtig: die obere Schicht bildet als *Vegetationstragschicht* den Nährboden und die Verankerung für das Wurzelwerk, die untere Schicht, die *Dränschicht*, dient zur Wasserabführung, aber auch zur Wasserspeicherung. Getrennt werden die beiden Schichten durch eine *Filterschicht*, die meist aus einem Vlies besteht. Diese verhindert, dass Bodenteile in die Dränschicht eingeschlämmt werden.

Bei geneigten Dächern ab 5% Neigung ist eine solche Trennung in der Regel unnötig. Hier ist ein einschichtiger Aufbau einfacher und billiger. Dabei wird die Vegetationsschicht mit porösen mineralischen Partikeln durchsetzt, so dass eine ausreichende Dränwirkung entsteht (Abb. 4.2). Es ist vorteilhaft, im unteren Bereich mehr poröse Partikel unterzumischen als im oberen Bereich.

Bei reinen Grasdächern und bei Gras-/ Kräutermischungen sowie einer Substratdicke von 15 cm haben sich als Mischung bewährt: für den unteren Bereich 2 Teile Dränpartikel (Blähton, Blähschiefer, Blählava, Schlacke, Bims oder dgl.) und 1 Teil Erde, für den oberen Bereich 1 Teil Dränpartikel und 2 Teile Erde.

Regelschichtdicken bei verschiedenen Begrünungsarten sind in Abb. 4.3 angegeben, wobei die erste Spalte auch für einen einschichtigen Aufbau gilt.

Um ein möglichst dichtes Vegetationspolster zu erhalten, sollten reine Grasdächer oder Gras-Kräuter-Dächer mit entsprechender Vegetation gewählt werden. Dafür reicht bei geneigten Dächern ein einschichtiger Substrataufbau von 14 – 18 cm Dicke aus. Bei geringeren Dicken erhöht sich die Gefahr der Austrocknung (insbesondere bei nach Süden geneigten Dächern), bei größeren Dicken wird das Gewicht unnötigerweise groß, außerdem können sich Bäume ansiedeln. Sind aus Gewichtsgründen nur

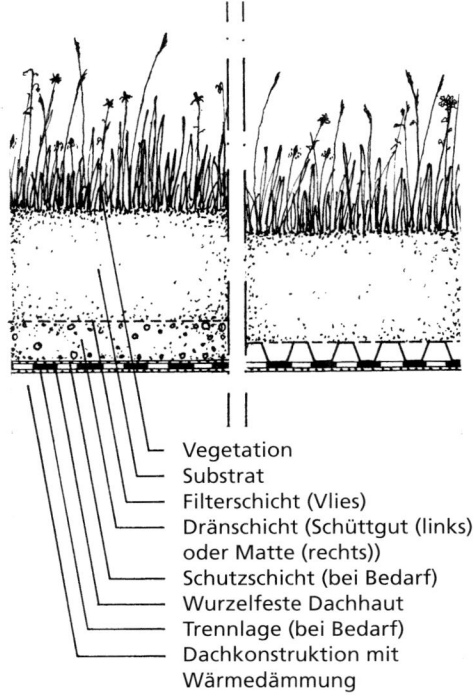

Vegetation
Substrat
Filterschicht (Vlies)
Dränschicht (Schüttgut (links) oder Matte (rechts))
Schutzschicht (bei Bedarf)
Wurzelfeste Dachhaut
Trennlage (bei Bedarf)
Dachkonstruktion mit Wärmedämmung

4.1 Zweischichtiger Substrat-Aufbau einer Flachdachbegrünung

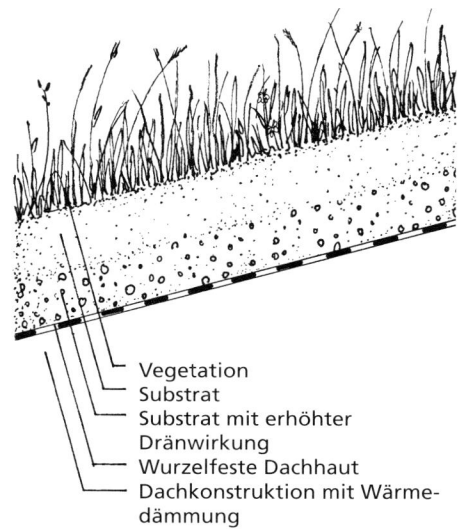

Vegetation
Substrat
Substrat mit erhöhter
Dränwirkung
Wurzelfeste Dachhaut
Dachkonstruktion mit Wärme-
dämmung

4.2 Einschichtiger Substrat-Aufbau bei
Schrägdachbegrünung

Regelschichtdicken bei Extensivbegrünungen ohne zusätzliche Bewässerung			
Begrünungsart	Dicke der Vegetationsschicht in cm	Gesamtdicke des Begrünungsaufbaus in cm	
		bei 2 cm Dränmatte	bei 4 cm Schüttstoff
– bei Flachdächern:			
Moos-Sedum-Begrünungen	3 – 5	5 – 7	7 – 9
Sedum-Moos-Kraut-Begrünungen	5 – 8	7 – 10	9 – 12
Sedum-Gras-Kraut-Begrünungen	8 – 12	10 – 14	12 – 16
Gras-Kraut-Begrünungen	12 – 16	14 – 18	16 – 20
– bei geneigten Dächern:			
Moos-Sedum-Begrünungen	3 – 5	5 – 7	7 – 9
Sedum-Moos-Kraut-Begrünungen	5 – 10	7 – 12	9 – 14
Gras-Kraut-Begrünungen	14 – 18		

4.3 Regelschichtdicken für Extensivbegrünungen (nach FLL und eigenen Tests)

dünnere Substratschichten möglich, so
muss auf eine Sedum-Gras-Kraut-Vegeta-
tion zurückgegriffen werden. Dabei sind
die Polsterdichte und somit auch die positiven bauphysikalischen und ökologischen
Wirkungen aber sehr viel geringer.

Unterkonstruktion und Wärmedämmung

Für eine Dachbegrünung kann jedes Dach,
das die Last aufnehmen kann, als Unterbau
dienen. Je nachdem, an welcher Stelle die
Wärmedämmung angeordnet ist, werden
drei Dacharten unterschieden:

- Kaltdach
- Warmdach
- Umkehrdach

Beim *Kaltdach* (Abb. 4.4) ist zwischen der
Wärmedämmung des Daches und dem
Gründach eine dünne Luftschicht angeordnet, die als Dampfdruckausgleichsschicht
dient und bei Konstruktionen ohne Dampf-
bremse notwendig ist.
Der große Nachteil des Kaltdaches besteht
darin, dass die positiven Wirkungen des
sommerlichen Kühleffektes und des win-
terlichen Wärmedämmeffektes nicht dem
darunterliegenden Raum zugute kommen.
Deshalb sollten Gründächer nicht nach
dem Kaltdachprinzip gebaut werden.

Beim *Warmdach* (Abb.4.5) entfällt die belüftete Dampfdruckausgleichsschicht, so dass sich die bauphysikalischen Effekte des Grasdachs positiv auf die darunter befindlichen Räume auswirken. Zu beachten ist dabei lediglich, dass unter der Wärmedämmung eine Dampfsperre eingebaut sein muss, damit kein Wasserdampf in die Dämmschicht eindringen und dort kondensieren kann.

Das Warmdach ist die sinnvollste und wirtschaftlichste Konstruktion für eine Dachbegrünung.

Beim *Umkehrdach* (Abb. 4.6) liegt die Wärmedämmung oberhalb der wasserführenden Schicht (Dachhaut) und unterhalb des Substrats. Sie muss deshalb wasserbeständig und verrottungsfest sein. In der Regel werden dafür Platten aus extrudiertem Polystyrol verwendet. Heute werden kaum noch Dächer dieser Art ausgeführt: Zum einen ist die Wärmedämmwirkung der Polystyrol-Platten etwas geringer als wenn sie im trockenen Bereich unterhalb der Dachhaut angeordnet wären, zum anderen ist die Dämmung zudem meist auch noch teurer und bei manchen Systemen war auch die Lebensdauer geringer.

Eine Ausnahme bilden die im Kapitel 4 unter *Dränschicht* beschriebenen Elemente, die gleichzeitig als Dränschicht und als Schubsicherung gegen abrutschendes Substrat dienen. Konstruktionen dieser Art werden als *Duodach* bezeichnet, es sind Warmdächer, bei denen oberhalb der wasserführenden Schicht eine zusätzliche Wärmedämmung eingebaut ist.

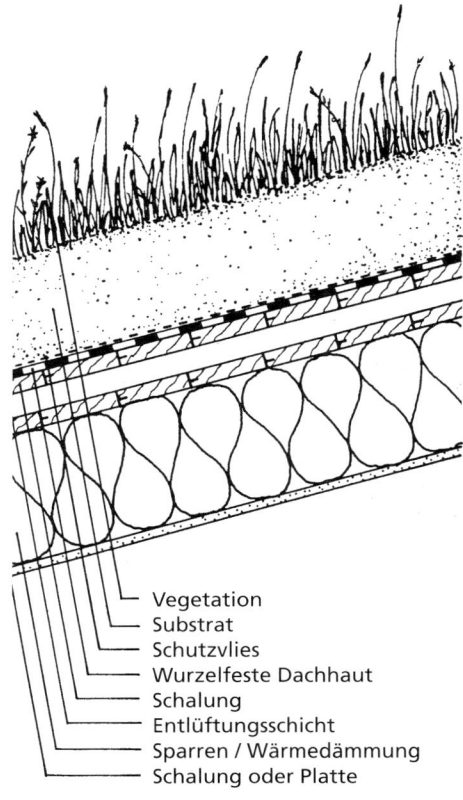

Vegetation
Substrat
Schutzvlies
Wurzelfeste Dachhaut
Schalung
Entlüftungsschicht
Sparren / Wärmedämmung
Schalung oder Platte

4.4 Typische Ausbildung eines Kaltdaches mit Begrünung.

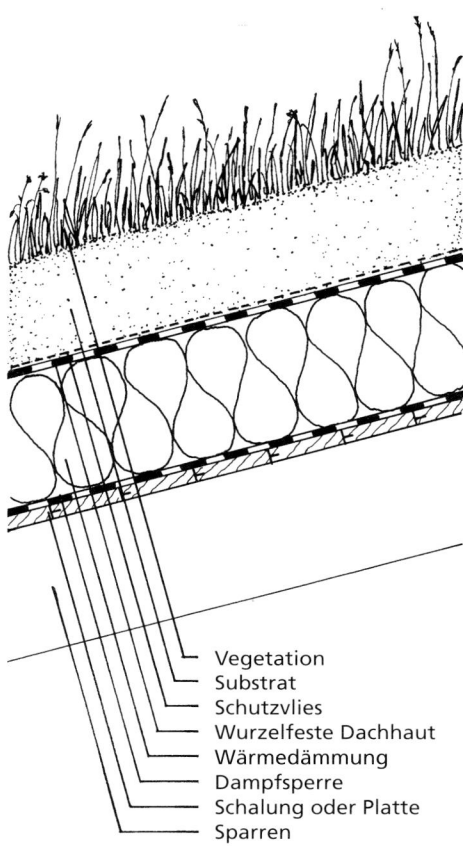

Vegetation
Substrat
Schutzvlies
Wurzelfeste Dachhaut
Wärmedämmung
Dampfsperre
Schalung oder Platte
Sparren

4.5 Typische Ausbildung eines Warmdaches
mit Begrünung

Dachhaut und Durchwurzelungsschutz

In der Regel bildet die Dachabdichtung, also die wasserableitende Schicht, gleichzeitig den Durchwurzelungsschutz. Bei üblichen Bitumendachbahnen und bei gesondert gedichteten Fugen ist jedoch eine zusätzliche Wurzelschutzbahn erforderlich.

Langjährige Tests zeigten, dass Bitumenabdichtungen von verschiedenen Testpflanzen durchwurzelt wurden (Pennigsfeld et al., 1981), da manche Mikroorganismen, die an den Wurzelspitzen leben, bituminöse Stoffe auflösen können (siehe Abb. 4.7). Selbst bei quellverschweißten und nachträglich versiegelten Nähten von PVC-Wurzelschutzfolien traten Durchwurzelungen auf (Abb. 4.8). Dies lag daran, dass es nicht immer möglich ist, in der Praxis eine vollkommen dichte Quellverschweißung herzustellen. Ist ein Spalt nicht verklebt oder verschweißt und dringt dort Kapillarwasser ein, können Wurzelspitzen mit Feuchtigkeitssensoren hineinwachsen. Es gibt auch Pflanzen, deren Wurzelspitzen, wenn sie Feuchtigkeit spüren, sich durch Einlagerung von Silikatkristallen verhärten, um die Spalten oder Fugen durchdringen zu können. Aus diesem Grunde sollten Überlappungen von Bahnen und Folien stets heißluft- oder hochfrequenzverschweißt sein. Die Beschichtung bzw. die oberste Schicht muß dabei an der Naht herausquellen („Schweißraupe"), um diese auch an der Kante sicher zu verschliessen. Ist dies nicht der Fall, so sollte die Kante mit Flüssigfolie versiegelt werden.

Bei bituminösen Dachbahnen, deren Wurzelfestigkeit durch Kupferfolien erreicht wird, kann es vorkommen, dass die Wurzeln eventuell waagerecht durch die Überlappung dringen. Allerdings haben die meisten Bahnen dieser Art den FLL-Test auf Wurzelfestigkeit bestanden.

Dachbahnen die „wurzelfest behandelt" sind, enthalten Pflanzengifte, deren Wirkung nach einiger Zeit nachlässt. Sie sind aus ökologischer und ökonomischer Sicht abzulehnen. Der Nachweis der Durchwurzelungsfestigkeit ist nach dem von der FLL entwickelten „Verfahren zur Untersuchung der Durchwurzelungsfestigkeit bei Dachbegrünungen" zu führen (FLL 1995, S. 59 ff.).

Der Gerechtigkeit halber wird aber hier darauf hingewiesen, dass es nicht grundsätzlich zu Bauschäden kommen muss, wenn einmal eine Wurzel die Dachhaut durchdringt. Bei geneigten Dächern ist das Durchdringen von Wurzeln wesentlich ungefährlicher als bei Flachdächern, da hier das Wasser nicht auf der Dachhaut stehen bleibt.

Handelt es sich bei der Dachkonstruktion um ein Kaltdach mit einer luftabführenden Zwischenschicht oder mit einem freien, nicht beheizten Raum unter dem Dach, so kann eventuell eindringende Feuchtigkeit verdunsten. Abb. 1.6 (Seite 9) zeigt ein begrüntes Dach in Berlin, das seit 1925 besteht und Jahrzehnte ohne Pflege und Reparaturen überstand, obwohl die unter der Erde angeordneten Teerpappebahnen offensichtlich an mehreren Stellen undicht sind. Unter dem schwach geneigten Dach ist ein Luftraum und erst darunter die gemauerte Deckenkonstruktion („preußische Kappe"). Die Holzbretter unter der Teerpappe zeigen an einigen Stellen durch Wassereinfluss bedingte Verfärbungen . Da die Bretter jedoch immer wieder austrocknen, sind sie noch nicht morsch geworden.

Sind die Dachhäute nicht wurzelfest, so besteht die einfachste Lösung darin, darüber eine wurzelfeste PE-Folie zu verlegen. Diese gibt es in Breiten bis zu 8 m. Muss die Folie gestoßen werden, so ist eine Überlappung von mindestens 150 cm vorzusehen, da sich in der Überlappung Kapillarwasser sehr lange hält und die Wurzeln dort hin-

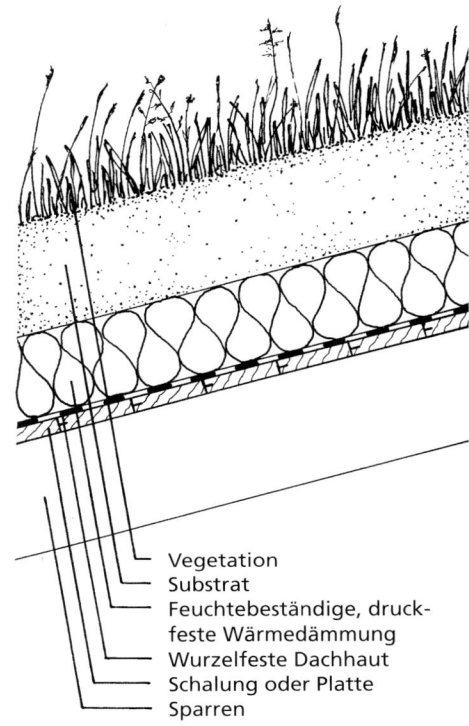

Vegetation
Substrat
Feuchtebeständige, druckfeste Wärmedämmung
Wurzelfeste Dachhaut
Schalung oder Platte
Sparren

4.6 Typische Ausbildung eines Umkehrdaches mit Begrünung.

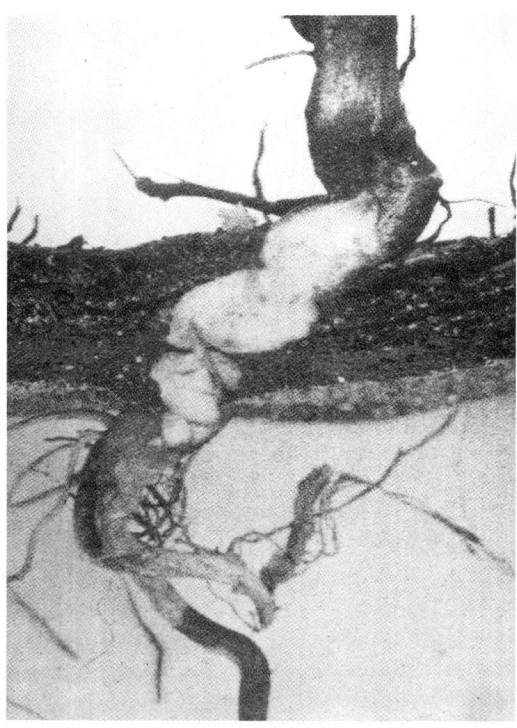

4.7 Durchwurzelung einer ca. 15 mm dicken Schicht aus Bitumenbahnen mit Disteln nach 15 monatiger Versuchsdauer (Pennigsfeld et al. 1981).

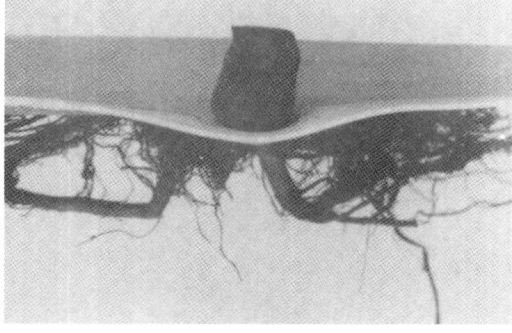

4.8 Durchwurzelung einer quellverschweißten und versiegelten Naht einer PVC-Wurzelschutzfolie (Pennigsfeld et al. 1981).

einwachsen. Vorsichtshalber sollte unter die Folie ein Schutzvlies gelegt werden. Eine zweite, einfache Methode kommt häufig bei skandinavischen Gründächern zum Einsatz: Dabei wird auf der Bitumen-Dachbahn eine Noppenfolie aus Hochdruckpolyethylen aufgebracht. Diese liegt 2 m breit, wird mit 25 cm Überlappung verlegt und meist mit einer speziellen Dichtungsmasse verklebt (vgl. Abb. 6.13).

Wurzelschutzbahnen können bestehen aus:
- *Bitumenschweißbahnen* nach DIN 52131. Sie gelten nicht als wurzelfest und benötigen deshalb eine zusätzliche Durchwurzelungsschutzbahn.
- *Polymerbitumenbahnen und Elastomer-Bitumenbahnen.* Sie sind aus einer Mischung aus Bitumen mit Kunststoffen gefertigt und in der Regel wurzelfest.
- *PVC-Bahnen* (nach DIN 16938, 16730, 16735) aus PVC-weich. Sie sind in der Regel nicht beständig gegen Bitumen, Polystyrol und ölhaltige Holzschutzmittel. Um eine „Weichmacherwanderung" (die zur Versprödung des Materials führen kann) auszuschließen, soll die PVC-Bahn durch ein Kunststoff- oder Glasfaservlies (mindestens 200 g/m²) oder einer mindestens 0,3 mm dicken PE-Folie von bituminösen Baustoffen getrennt werden.
  Für Gründächer sollten zur Sicherheit stets gewebeverstärkte PVC-Dachhäute eingesetzt werden. PVC-beschichtete Polyestergewebe sind sehr einfach zu verarbeiten und besonders preiswert. Aus ökologischer Sicht ist kritisch anzumerken, dass im Brandfall giftige Gase entstehen können (u.a. Dioxine) und die Lebensdauer bei einigen Produkten in der Vergangenheit relativ gering war.
- *PE-Bahnen* aus chloriertem Polyethylen nach DIN 16737. Sie zeichnen sich durch eine sehr hohe Festigkeit aus, las-

sen sich aber auf der Baustelle nicht wurzelfest verbinden. Bei Stößen müssen sehr große Überlappungen vorgesehen werden, um das Durchwachsen von Wurzeln zu verhindern.

- *Polyolefin-Bahnen* aus polyolefinbeschichteten Geweben sind aus ökologischer Sicht gut zu vertreten, da sie halogen-, weichmacher- und chlorfrei sind. Allerdings sind sie teurer als PVC- beschichtete Bahnen und das Verschweißen ist schwieriger. Die Arbeit sollte deshalb nur von erfahrenen Fachfirmen ausgeführt werden.
- *ECB-Bahnen* aus Ethylencopolymerisat-Bitumen sind bitumenverträglich und lassen sich leicht verarbeiten.
- *EPDM-Bahnen* bestehen aus Ethylen-Propylen-Terpolymer-Kautschuk und zeichnen sich durch eine hohe Elastizität aus. Dichte Nahtverbindungen herzustellen ist nicht immer einfach.
- *Flüssigabdichtungen* mit Polyurethan oder mit Polyesterharzen werden flüssig aufgetragen und sind bei ausreichender Dicke wurzelfest.

Schutz vor mechanischer Beschädigung

Wenn der Untergrund für die Wurzelschutzbahn rauh oder uneben, bzw. wenn mit materialspezifischen Bewegungen zu rechnen ist, sollte unter der Wurzelschutzbahn ein Vlies verlegt werden
Ein solches zusätzliches Vlies ist bei geweberverstärkten Dachabdichtungsbahnen von 2 mm Dicke, die gleichzeitig Durchwurzelungsschutz bieten, in der Regel nicht notwendig.
Bei *intensiver* Begrünung und insbesondere, wenn die Dachhaut mit Geräten befahren werden soll, ist jedoch eine darüberliegende Schutzschicht gegen mechanische

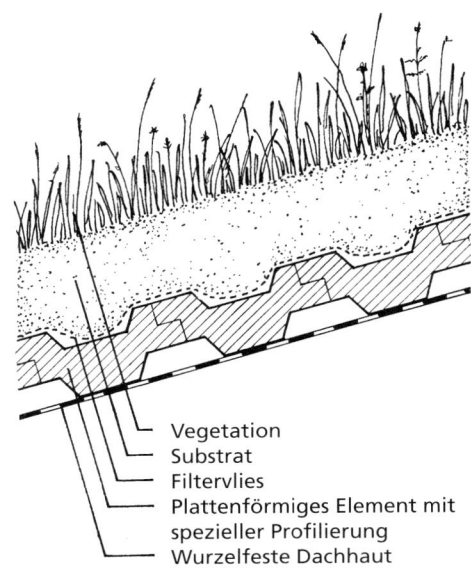

Vegetation
Substrat
Filtervlies
Plattenförmiges Element mit spezieller Profilierung
Wurzelfeste Dachhaut

4 9 Dränelement mit Wasserspeicher-, Wärmedämm- und Schubabtragungswirkung.

Verletzungen vorzusehen. Diese kann aus einem Vlies von mindestens 300 g/m², einer Schaumstoffmatte oder dergleichen bestehen. Kostengünstig sind vor allem Produkte aus recyclierten Kunststoffen, beispielsweise Vliese aus Yoghurtbechern. Möglich sind auch vlieskaschierte Fadengeflechtmatten sowie Schaumstoffflockenmatten aus recycelten Materialien, PE- oder PUR-Vliesen sowie textile Matten aus recycelten Faserstoffen. Die meisten Produkte dieser Art haben ausser der Schutzfunktion auch eine gewisse Dränwirkung.

Dränschicht

Die Dränschicht hat die Aufgabe, sowohl überschüssiges Wasser abzuführen, wie auch bis zu einem gewissen Grade Wasser zu speichern.
Geeignet sind vor allem porige, leichte mineralische Stoffe grober Körnung, wie Bläh-

ton, Blähschiefer, Blählava, Bims, Schlacke und Ziegel-Recyclingstoffe.

Um die gewünschte Speicherfähigkeit von 15 – 25 Volumenprozenten zu erreichen, müssen die Materialien überwiegend offenporig sein. Deshalb wird Blähton beispielsweise vorwiegend in gebrochenem Zustand verwendet.

Bei Flachdächern und sehr flach geneigten Dächern wird die Dränschicht durch ein Vlies abgedeckt. Dieses verhindert, dass das Substrat in die Dränschicht geschlämmt wird.

Bei stärker geneigten Dächern ist diese Maßnahme in der Regel unnötig, da hier die Dränwirkung durch die Neigung verstärkt wird. Außerdem hat die Vermischung von Substrat und Dränmaterial sogar Vorteile: Die Gefahr, dass das Substrat von der Dränschicht abrutscht, wird wesentlich verringert und für die Wurzeln ergibt sich ein ausgeglichenes Feuchtemilieu. Bei der Trennung von Substrat und Dränschicht durch ein Vlies hängen die durchgewachsenen Wurzeln manchmal „im Wasser" und manchmal wie Luftwurzeln im Trockenen. Beides ist für viele Pflanzen nachteilig weil wachstumhemmend, insbesondere für Gräser.

Die Korngrößen sollen bei Schüttstoffen möglichst unterschiedlich sein und bis zu 16 mm betragen. Bei geneigten Dächern ist bei Dränschichten ein unregelmäßiges, gebrochenes Korn aus Gründen der Lagestabilität vorteilhaft.

Der pH-Wert sollte zwischen 6,0 und 8,5 betragen. Schwach alkalische Stoffe wie beispielsweise Blähton und Bims haben den Vorteil, dass sie sauren Regen etwas abpuffern.

Einige Firmen bieten feste Dränelemente aus Polystyrol-Hartschaum an, die in ihren oberen Vertiefungen Wasser ableiten und auch speichern können (Abb. 4.9). Sie können bei der Ermittlung der Wärmedämmwirkung des Daches berücksichtigt werden. Ein 10 cm dickes Element dämmt allerdings nicht besser als ein 4,2 cm starker Dämmstoff WLG 040. Bei schwach geneigten Dächern wirken die Dränelemente gleichzeitig als Schubsicherung. Die Material-Kosten sind verhältnismäßig hoch (ca. 22,50 DM/m² bei 10 cm Höhe), die Verlegezeit ist aber sehr gering. Ungewiß ist jedoch die Langzeitstabilität dieser Elemente (Drefahl 1995, S. 56). Daneben sind ähnliche Elemente aus Recycling-Baumwollfasern in den Abmessungen 5x40x80 cm erhältlich.

Substrat

Die Tragschicht für die Vegetation, in der sich das Wurzelwerk bildet, wird Substrat genannt. Sie dient als Nährstoff- und Wasserspeicher, muss ein ausreichendes Luftporenvolumen haben und den Wurzeln Verankerungsmöglichkeit bieten. Substrat und Vegetation sind aufeinander abzustimmen.

Für Extensivbegrünungen mit Magerrasen, Wildkräutern und Sedum gilt, dass das Substrat nicht zu viel Humus enthalten sollte. Wird dafür Oberboden verwendet, so darf dieser nicht zu bindig (tonhaltig) sein. In der Regel muß er mit Sand abgemagert werden. Er sollte nicht mehr als 20% Ton und Schluff (="Schlämmkorn", Korndurchmesser ≤ 0,06 mm) enthalten. Es ist empfehlenswert, den Mutterboden mit 30 bis 80 Vol.-% mineralischen Leichtzuschlägen der Korngröße 0-16 mm abzumagern. Dafür eignen sich beispielsweise Bims, Lava, Blähschiefer, gebrochener Blähton und Recyclingmaterial von porosierten Tonziegeln und Bimssteinen.

Bei der Grasdach-Siedlung Laher Wiesen in Hannover konnte gut beobachtet werden,

dass das Substrat zu nährstoffhaltig war. Die Gräser wuchsen bis zu 70 cm hoch und wurden vom Wind umgeblasen, vertrockneten schnell und lagerten sich teilweise so dicht, dass darunter kein weiteres Wachstum möglich war. Einige Betrachter störten sich an dem struppigen Aussehen der Dächer (Abb. 4.10). Nach dem Abharken regenerierte sich die Vegetation aber wieder (Abb. 4.11).

Das Substrat muss für eine Magerrasenvegetation eingestellt sein, damit eine Wildgräserwiese entsteht, deren Polster nicht höher als 10 – 20 cm wird. Einzelne Blütenstände können jedoch 30 – 50 cm hoch werden.

Einige Firmen bieten als Substrat lediglich mineralische Schüttstoffe wie Blähton, Blählava, Bims und dergleichen an, da diese in bezug auf Transport und Montage vorteilhaft sind. Allerdings sind sie extrem nährstoffarm, so dass sich die Vegetation nur sehr langsam entwickelt. Außerdem müssen Dächer dieser Art im Rahmen der Fertigstellungs- und Entwicklungspflege gedüngt werden. Frühere Experimente mit Glaswolle- und Schaumstoffmatten haben sich nicht bewährt.

4.10, 4.11 (oben und Mitte)
Grasdach-Siedlung Laher Wiesen, Hannover

4.12 (unten)
Grasdach-Siedlung Düsseldorf-Unterbach

Es gibt eine Reihe verschiedener Fertigsubstrate zu kaufen, gewöhnlich ist es aber kostengünstiger, die Mischung aus dem lokal vorhandenen Mutterboden herzustellen. Schubsicherungen, Elemente, die das Abrutschen des Substrats bei geneigten Dächern verhindern, sind in Kap. 6 beschrieben.

Vegetation

Auswahlkriterien

Für die Wahl der Pflanzen sind unterschiedliche Faktoren entscheidend, vor allem:

- Substratstärke und deren Wasserspeicherwirkung
- Dachneigung (je steiler das Dach ist, um so größer muss die Wasserspeicherwirkung sein)
- Windexposition (trägt zu erhöhter Verdunstung bei)
- Himmelsrichtung (Süddächer trocknen schneller aus)
- Verschattung
- Niederschlagsmenge (Regenschatten beachten!)

Wesentlich ist aber auch, welchen der folgenden Funktionen bzw. Auswirkungen die meiste Bedeutung zugewiesen wird:

- Wärmedämmwirkung
- sommerliche Kühlwirkung
- Schalldämmung
- Pflegeaufwand
- optische Erscheinung

Sollen mit einer Dachbegrünung nicht nur ästhetische Wirkungen erzielt werden, sondern vor allem bauphysikalische (wie beispielsweise Wärmedämmung, sommerlicher Wärmeschutz und Schallschutz), ökologische (etwa Regenrückhaltung und Reinigung der Luft) sowie baukonstruktive Effekte (z.B. Schutz der Dachkonstruktion vor UV-Strahlung und extremen Temperaturschwankungen), so sollte ein möglichst dichtes und annähernd gleichhohes Vegetationspolster angestrebt werden. Dieses lässt sich am leichtesten und preiswertesten mit Wildgräsern bzw. mit einer Mischung aus Wildgräsern und Wildkräutern erzielen.

Für die Wahl der Vegetation sind folgende Kriterien entscheidend:

- Frostbeständigkeit
- Dürreresistenz
- Wuchshöhe 10-20 cm
- Blütenstände nicht über 40 cm.
- Dichte Polsterbildung bei starker Höhenentwicklung und geringem Breitenwuchs
- Anspruchslosigkeit in Bezug auf die Bodenqualität.

Vegetationsarten

Bei Begrünungen werden folgende Arten unterschieden:

- *Saatgut*
  Saatgut muss der DIN 18917 entsprechen. Bei Nasssaat (Anspritzbegrünung) werden als Klebemittel Cellulose, Alginat mit Ton oder Kunstoffemulsionen eingesetzt. Dabei reichen Saatgutmengen von 2 g/m². Saatgut von Wildgräsern und Wildkräutern hat meist eine geringere Keimfähigkeit und Sortenreinheit, die Pflanzen sind aber oftmals widerstandsfähiger. Bei Trockensaat werden in der Regel 3 bis 8 g Saatgut je m² benötigt.

- *Sprossen*
  Bei Sedumarten werden in der Regel Sprossteile (gehäckselte Pflanzenteile) ausgesät. Sie wachsen leicht an und können auch Dürreperioden überstehen. Für die Anforderungen gelten die „Gütebestimmungen für Stauden" der FLL. Bei Sprossenaussaat werden etwa 40 Sprossen je m² (30 – 50 g/m²) benötigt.

- *Stauden*
  Pflanzen für Extensivbegrünungen sollten abgehärtet und nur mäßig mit Stickstoff gedüngt sein. Es gelten die Anforderungen der „Gütebestimmungen für Stauden" der FLL.

- *Fertigrasen (Rollrasen)*
  Für Fertigrasen gelten die Anforderungen nach DIN 18917. Als Mischung wird meist die Regel-Saatgut-Mischung (RSM) für Landschaftsrasen nach FLL eventuell mit Kräuterzusaat verwendet (FLL 1996). Kleearten sollten nicht enthalten sein.
  Zu beachten ist, dass die Zusammensetzung der Gräser dabei nicht für extensive Begrünung optimiert wurde.
  Die Abmessungen betragen beispielsweise 0,50 x 1,00 m oder 0,40 x 2,00 m bei einer Substratdicke von etwa 2 cm.

- *Vegetationsmatten*
  Vegetationsmatten sind durch Vliese, Netze oder Fadengeflechtmatten armiert. Sie enthalten je nach Anforderung unterschiedliche Mischungen von Moosen, Sukkulenten, Gräsern, Kräutern und Zwiebelpflanzen. Die Substratdicke beträgt 1,5 bis 3,5 cm, die Abmessungen meist 1,00 x 1,00 m.

Wildgräsermischung für dichte Graspolster

- 25% Festuca rubra gen. (Ausläufer-Rotschwingel)
- 20% Festuca rubra com. (Horst-Rotschwingel)
- 20% Festuca ovina (Schafschwingel)
- 30% Poa pratensis (Wiesenrispe)
- 5% Agrostis tenuis (Gemeines Straußgras)

4.13 Wildgräsermischung.

Regel-Saatgut-Mischung für eine extensive Gras-Kraut- Vegetation

- 2% Agrostis capillaris
- 5% Anthoxanthum odoratum
- 10% Festuca ovina duriuscula
- 10% Festuca ovina tenuifolia
- 10% Festuca rubra commutata
- 10% Festuca rubra trichophylla
- 3% Poa compressa
- 15% Poa pratensis
- 1,5% Achillea millefolium (Schafgarbe)
- 2% Allium schoenoprasum (Schnittlauch)
- 3% Anthemis tinctoria (Färberkamille)
- 2% Campanula rotundifolia (Rundblättrige Glockenblume)
- 6% Dianthus carthusianorum (Karthäusernelke)
- 6% Dianthus deltoides (Pfingstnelke)
- 1% Hieracium pilosella (Habichtskraut)
- 2% Leucanthemum vulgare (Wiesenmargerite)
- 2% Petrorhagia saxifraga (Steinbrech-Felsennelke)
- 6% Prunella grandiflora (Großblütige Braunelle)
- 1,5% Thymus pulegioides (Feldtymian)
- 2% Thymus serphyllum (wilder Thymian)

4.14 Regel-Saatgut-Mischung für eine extensive Wildkräuter-Wildgräser-Mischung nach FLL.

Bunte Kräuter-Gräser-Mischung

- 10% Sesleria albicans (Kalk-Blaugras)
- 7% Briza media (Herz-Zittergras)
- 2% Anthoxanthum odoratum (Ruchgras)
- 10% Festuca ovina vulgaris (Schafschwingel)
- 2% Poa compressa (Platthalm-Rispengras)
- 2% Achillea millefolium (Gemeine Schafgarbe)
- 4% Allium schoenoprasum (Schnittlauch)
- 6% Anthemis tinctoria (Färber-Kamille)
- 2% Campanula rotundifolia (Rundblättrige Glockenblume)
- 6% Dianthus carthusianorum (Wildform der Karthäusernelke bevorzugen!)
- 6% Dianthus deltoides (Heidenelke)
- 3% Hieracium pilosella (Mausöhrchen / Kleines Habichtskraut)
- 4% Leucanthemum vulgare (Margerite)
- 4% Petrorhagia saxifraga (Felsennelke)
- 5% Prunella gandiflora (Braunelle)
- 3% Thymus pulegiodes (Gemeiner Thymian)
- 3% Thymus serpyllum (Sand-Thymian)
- 4% Geranium robertianum (Ruprechtskraut)
- 4% Plantago lanceolata (Schmalblättriger Wegerich)
- 2% Potentilla argentea (Silber- Fingerkraut)
- 6% Ranunculus bulbosus (Knolliger Hahnenfuß)
- 5% Sanguisorba minor (Kleiner Wiesenkopf)

4.15 Kräuter-Gräser-Mischung
(nach Kolb u. Schwarz, 1999)

Wildgräser- und Gras-Kraut-Vegetation für 14 – 18 cm Substrathöhe

Mit Grasdächern lassen sich die dichtesten Vegetationspolster mit der größten Blattgrünoberfläche und somit die besten Wirkungen bei Wärmedämmung, sommerlichem Wärmeschutz und Luftreinigung erzielen (vgl. Kap. 3). Besonders bewährt haben sich die Sorten

- *Festuca rubra genuina* (Ausläufer-Rotschwingel),
- *Festuca rubra commutata* (Horst-Rotschwingel),
- *Festuca ovina* (Schafschwingel),
- *Festuca glauca* (Blauschwingel),
- *Festuca scorparia* (Bärenfellgras),
- *Poa pratensis* (Wiesenrispe),
- *Poa pratensis angustifolia* (Schmalblättrige Wiesenrispe)
- *Agrostis tenuis* (Gemeines Straußgras) (in geringen Beimengungen),
- *Carex digitata* (Finger-Segge),
- *Bromus erectus* (Aufrechte Trespe),
- *Carex flacca* (Blaugrüne Segge) (in geringen Beimengungen),
- *Carex humilis* (Erdsegge),
- *Stipa pennata* (Federgras),
- *Stipa ucrainica* (Ukrainisches Federgras)

Diese Gräser lassen sich mit weiteren standortspezifischen Gräsern und Kräutern mischen, sofern deren Eigenschaften ähnlich sind.

Eine vom Autor vielfach angewendete einfache Mischung, die ein dichtes Vegetationspolster bildet, ist in Abb. 4.13 aufgeführt. Dabei ist es vorteilhaft, wenn an den Dachrändern und am First Thymian (*Thymus pulegioides*, *Thymus serphyllum*) gesät oder gepflanzt wird, da dieser stabiler ist, mit weniger Feuchtigkeit auskommt und auch im Winter ein dichtes Polster bildet. Als Regel-Saatgut-Mischung (RSM) für eine extensive Begrünung gibt die Forschungsgesellschaft Landschaftsentwicklung/Landschaftsbau für eine Gras-Kraut-Vegetation die in Abb. 4.14 aufgeführte Mischung an. Diese Mischung zeigt eine sehr große Artenvielfalt, ist aber nicht im Hinblick auf eine dichte Polsterbildung optimiert und deshalb weniger empfehlenswert, wenn ein sehr guter sommerlicher Wärmeschutz und ein hoher Wärmedämmeffekt gewünscht wird.

Kolb und Schwarz (1999) geben für eine sehr artenreiche, optisch interessante Zusammenstellung die in Abb. 4.15 aufgeführte Mischung an. Sie besteht zu 70% aus Stauden und nur zu 30% aus Gräsern und bildet ebenfalls kein so dichtes Polster wie die vorher erwähnte reine Grasmischung. Diese Mischung ist vorwiegend im Hinblick auf optische Wirkung und pflanzenphysiologische Aspekte ausgewählt worden und weniger auf den bauphysikalischen und ökologischen Nutzen ausgerichtet.

Substratstärken von 12 – 16 cm sind bei allen genannten Mischungen üblich. Bei geringen Dachneigungen von 5 – 10° und Verzicht auf ein besonders dichtes Pflanzenpolster können auch 10 – 12 cm ausreichen. Wird ein dichtes Vegetationspolster gewünscht und beträgt die Dachneigung 15° bis 30° sollte eine Substrathöhe von mindestens 15 cm höchstens aber 18 cm gewählt werden.

Stauden für Extensivbegrünungen

- Allium moly (Goldlauch)
- Allium schoenoprasum (Schnittlauch)
- Alyssum montanum (Bergsteinkraut)
- Antennaria aprica (Katzenpfötchen)
- Arenaria tetraquetra (Sandkraut)
- Campanula garganica (Glockenblume)
- Campanula sarmatica (Sarmatische Glockenblume)
- Cerastium biebersteinii (Hornkraut)
- Cerasticum tomentosum var. columnae (Zwergsilberhornkraut)
- Dianthus anatolicus (Felsennelke)
- Dianthus carthusianorum (Karthäusernelke)
- Dianthus petraeus (Geröllnelke)
- Dianthus plumarius (Federnelke)
- Helianthenum nummularium (Sonnenröschen)
- Paronychia argentea (Mauermiere)
- Prunella grandiflora (Braunelle)
- Thymus pseudolanuginosus (Thymian)
- Thymus pulegioides (Gemeiner Thymian)
- Thymus serpyllum (Kriechender Thymian)

4.16 Stauden für Extensivbegrünungen (nach Kolb u. Schwarz 1999 und Firmenangaben).

Reine Kräuterdächer
für 12 – 15 cm Substrathöhe

Will man eine Bienenweide auf dem Dach schaffen, so empfiehlt sich ein Begrünung mit Zwergsträuchern von Besenheide und Glockenheide. Vereinzelt können hier auch Ginster und Wacholder mit eingepflanzt werden, die dann eine Zwergwuchsform ausbilden. Dafür muss ein nährstoffarmer, sandiger Boden gewählt werden.

Als Stauden für Extensivbegrünungen eignen sich aus pflanzenphysiologischer Sicht sehr viele Arten, eine Auswahl ist in Abb. 4.16 aufgeführt. Auch diese Arten ergeben – mit Ausnahme von Thymian – besonders im Winter kein sehr hohes und dichtes Pflanzenpolster, eignen sich aber gut zur optischen Anreicherung von Grasdächern.

Auswahl dürreresistenter Pflanzen für Substrathöhen von 5 – 8 cm

Sukkulente:

- Sedum acre (scharfer Mauerpfeffer)
- Sedum album (Weiße Fetthenne)
- Sedum anacampseros (Walzen-Sedum)
- Sedum cauticola (September-Sedum)
- Sedum cyaneum (Rosenteppich-Sedum)
- Sedum ewersii (Flachpolster-Sedum)
- Sedum floriferum (China-Sedum)
- Sedum hispanicum (Spanisches Sedum)
- Sedum hybridum „Immergrünchen"
- Sedum kamtschaticum (Grünes Amur-Sedum)
- Sedum krajinae (Slowakisches Sedum)
- Sedum lydium (Kleinasien-Sedum)
- Sedum refelexum (Tripmadam)
- Sedum selskianum (Chanka-Sedum)
- Sedum sexangulare (Milder Mauerpfeffer)
- Sedum spurium (Teppich-Sedum)
- Sempervivella sedoides (Himalaja-Hauswurz)
- Sempervivum arachnoideum (Spinnweb-Hauswurz)
- Sempervivum montanum (Berg-Dachwurz)
- Sempervivum tectorum (Dachwurz)

Lauchgewächse:

- Allium atropurpureum (Blumenlauch)
- Allium flavum var.minus (GelberZwerglauch)
- Allium montanum (Berg-Lauch)
- Allium oreophilum (Kaukasus-Lauch)
- Allium schoenoprasum (Schnittlauch)

Gräser:

- Bromus tectorum (Dachtrespe)
- Carex humilis (Erdsegge)
- Carex ornithopoda (Vogelfußsegge)
- Festuca punctoria (Stachenschwingel)
- Festuca vivipara (Lebendgebärender Schwingel)
- Poa pratensis angustifolia (schmale Wiesenrispe)
- Poa bulbosa
- Poa compressa (Platthalmrispe)

4.17 Auswahl dürreresistenter Pflanzen für Substrathöhen von 5 – 8 cm.

Sedum- und Sedum-Kraut-Gras-Vegetation für 5 – 8 cm Substrathöhe

Sind aus Gewichtsgründen nur geringe Substratdicken möglich, muss auf ein dichtes und hohes Vegetationspolster verzichtet werden.

Für Substratstärken von 5 bis 8 cm Dicke kommen überwiegend Sedum-Arten, teilweise auch Sempervivum-Arten in Frage. Dafür gibt es eine große Auswahl von denen einige in Abb. 4.17 aufgeführt sind. Diese können als Stauden gepflanzt werden. Sehr viel preiswerter ist es jedoch, davon Sprossen trocken auszusäen oder gemischt mit Substrat feucht auszubreiten bzw. aufzuspritzen. Sedum- und Sempervivum-Arten gehören zu den Sukkulenten, die in den Sprossen und Blättern Wasser speichern und die Verdunstung stark einschränken können. Sie eignen sich deshalb besonders für sonnige Standorte. In der Natur tauchen sie in Gesellschaft mit ähnlich spezialisierten Trockenrasengesellschaften auf. Bei ständiger Feuchte dominieren dann aber die Gräser.

Schnittlauch wird vor allem wegen seiner leuchtenden rosa-violetten Blüten mit eingesät, die von Frühjahr bis Herbst das Gründach beleben, im verblühten Zustand, ab Herbst aber dem Gründach eine gräulich trostlose Note geben. Zu beachten ist, dass Schnittlauch sehr leicht dominiert und Gräser verdrängt.

Moos-Sedum-Vegetation für 3 - 5 cm Substrathöhe

Für leichte Dächer großer Spannweite, wie sie beispielsweise für Fabrikationshallen und Sportstätten gebaut werden, kann es notwendig sein, das Gewicht der Dachbegrünung so gering wie möglich zu halten. Dann kommen in der Regel nur vorgefertigte Vegetationsmatten in Frage, die überwiegend aus Moosen bestehen und mit Sedum-Arten durchsetzt sein können. Sie haben eine Stärke von 3 – 4 cm und wiegen im wassergesättigten Zustand ca. 30 – 40 kg/m².

Als Vegetation eignen sich dürreresistente Arten, die bei langen Trockenperioden in einen „Dürreschlaf" verfallen. Moose bevorzugen schattige, feuchte Lagen, bei stark besonnten Flächen sind überwiegend Sedumarten zu verwenden. Geeignete Sedum-Arten sind in Abb. 4.15, geeignete Moos-Arten in Abb. 4.18 aufgeführt.

Intensivbegrünungen

Intensivbegrünungen sind nur bei Flachdächern sinnvoll. Sie haben meist Substratdicken von 30 bis 50 cm und sind deshalb im Vergleich zu Extensivbegrünungen sehr viel schwerer und kostenaufwendiger. Intensivbegrünungen bedürfen einer regelmässigen Bewässerung und Pflege und sind ähnlich aufgebaut wie ebenerdige Gärten. Angaben dazu finden sich bei Kolb und Schwarz (1999) sowie bei Stifter (1988).

Moosarten für 3 – 5 cm Substrathöhe

- Ceratodon purpurelis (Dachmoos)
- Campothecium sericeum (Echtes Goldmoos)
- Synthrichia ruralis (Erd-Bartmoos)
- Schistidium apocarpum (Gemeines Spaltmoos)
- Barbula convoluta (Haarzahnmoos)
- Brachythecium rutabuum (Krückenkegelmoos)
- Bryum argenteum (Silberbirnmoos)
- Hypnum cypressiforme (Zypressenschlafmoos)

4.18 Moos-Sedum-Vegetation für Substratdicken von 3 – 5 cm (nach Landesinstitut für Bauwesen NRW 1998)

4.19 Gründach mit dichter Wildgräservegetation, Ökologische Siedlung Kassel

Wohnhaus in Stadthagen

Wohnhaus in Uchte

Waldorfschule Hannover-Bothfeld (oben und unten)

5. Gründachsysteme

Allgemeines

Eine einfache Unterscheidung der Grün-
dachsysteme ergibt sich zunächst aufgrund
ihrer Neigung. Da in der Literatur für geneigte Dächer unterschiedliche Bezeich-
nungen auftreten, sollen hier folgende Defi-
nitionen gelten (Abb. 5.1):
Bei Neigungen bis 3° bzw. 5% wird von
Flachdächern gesprochen. Gründächer mit
3° bis 20° bzw. 5% bis 35 % Neigung werden
als *schwach geneigte Dächer* und Gründächer mit 20° bis 40° bzw. 36% bis 84% Neigung als *stark geneigte Dächer* bezeichnet.
Bei Neigungen ab 40° bzw. 84% wird die Be-
zeichnung *Steildach* eingeführt, siehe Abb.
5.1.
Eine Differenzierung entsprechend des
bauphysikalischen Aufbaus nach *Kaltdach,
Warmdach* und *Umkehrdach* wurde in Kapitel 4, Seite 36 ff. erläutert. Eine Charakte-
risierung entsprechend der Vegetationsart
ist in Kapitel 4, Seite 44 ff. beschrieben.

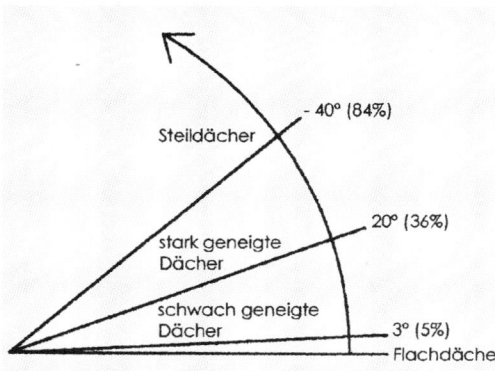

5.1   Einteilung der Gründächer entsprechend
ihrer Neigung.

Flachdachbegrünung

Unbegrünte Flachdächer sind gewöhnlich
auch heute noch leicht schadensanfällig.
Nach dem 2. Bauschadensbericht des Bundesministeriums für Raumordnung, Bauwesen und Städtebau treten bei 80% der
Flachdächer bereits nach 5 Jahren erste
Bauschäden auf. Reparaturen fallen nach
Schild (1986) durchschnittlich alle 7 Jahre
an.
Bei Flachdächern bietet die Begrünung einen erheblichen Schutz gegen schädigende
Klimaeinflüsse und verlängert somit die Lebensdauer des Daches erheblich (vgl. Kap.
2, Seite 14 und Kap. 11).
Bei begrünten Flachdächern ist die Vegetation eher als bei geneigten Gründächern
starken Feuchtigkeitsschwankungen ausge-
setzt, so dass die Gefahr besteht, dass der
Boden bei geringen Substratstärken durch
Staunässe an Sauerstoffarmut leidet und
leicht sauer wird. Je stärker die Schwan-
kungen der Bodenfeuchtigkeit, desto arten-
ärmer und weniger vital ist die Vegetationsschicht.
Um der Austrocknung vorzubeugen, sehen
Begrünungssysteme für Flachdächer deshalb eine besondere Dränschicht zur Ableitung von überschüssigem Wasser und auch
eine künstliche „Anstaubewässerung" vor.
Durch ein spezielles Vlies wird die Dränschicht vom Substrat getrennt. Diese Ausführung ist naturgemäß wesentlich aufwen-
diger als die auf der folgenden Seite be-
schriebene Lösung für schwach geneigte Dächer. Darüber hinaus ist sie nicht immer för-
derlich für das Pflanzenwachstum, da die

Pflanzen, deren Wurzeln durch das Vlies wachsen, stark strapaziert werden: Ihre Wurzeln stehen zuweilen wie bei der Hydrokultur im Wasser, öfters aber wie Luftwurzeln im Trocknen.

Übliche Flachdachbegrünungen haben einen aufwendigen Schichtenaufbau aus folgenden Bestandteilen (vgl. Abb. 5.2):

- Dachhaut
- Schutzschicht
- Dränschicht
- Filterschicht
- Substrat
- Vegetation

Aufbauten dieser Art, wie sie häufig bei Banken und anderen Repräsentationsbauten zu finden sind, bedeuten für die Flachdachkonstruktion ein zusätzliches Gewicht von 100 bis 300 kg/m² und Mehrkosten von 100 – 200 DM je m² Dachfläche. Diese Lösungen sind für übliche Wohn- und Sozialbauten, Fabrikations- und Lagerhallen zu teuer. Hier empfiehlt es sich, auf einfachere Aufbauten zurückzugreifen, wie sie bei schwach geneigten Dächern möglich sind und im folgenden Kapitel beschrieben werden.

Schwach geneigte Dächer

Dächer mit Neigungen zwischen 3° und 20° (5% und 36%) werden hier als schwach geneigte Dächer bezeichnet. Diese Dachneigung ermöglicht einen einfachen und sehr wirtschaftlichen Gründachaufbau. Die Dächer lassen sich als „Einschichtdächer" ausführen (vgl. Abb. 5.3), das heißt, es wird keine durch ein Vlies getrennte Dränschicht benötigt. Das Substrat übernimmt gleichzeitig die Wasserspeicherwirkung und führt überschüssiges Wasser ab. Dafür müssen dem Substrat grobkörnige Partikel zugefügt werden (vgl. Kap. 4, Seite 41 ff.), am besten

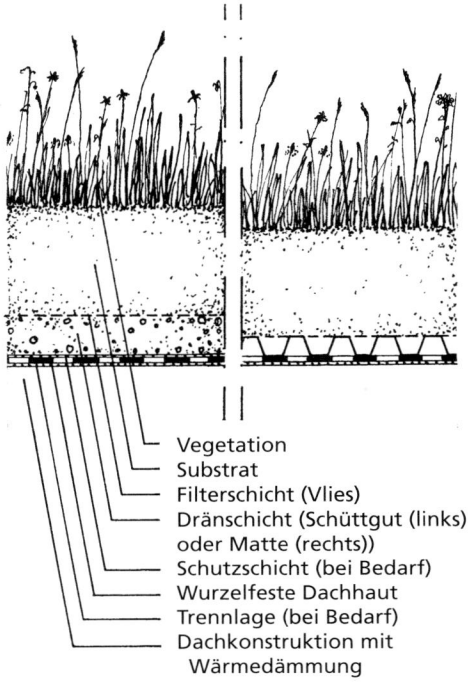

Vegetation
Substrat
Filterschicht (Vlies)
Dränschicht (Schüttgut (links) oder Matte (rechts))
Schutzschicht (bei Bedarf)
Wurzelfeste Dachhaut
Trennlage (bei Bedarf)
Dachkonstruktion mit Wärmedämmung

5.2 Schichtenaufbau bei Flachdachbegrünungen.

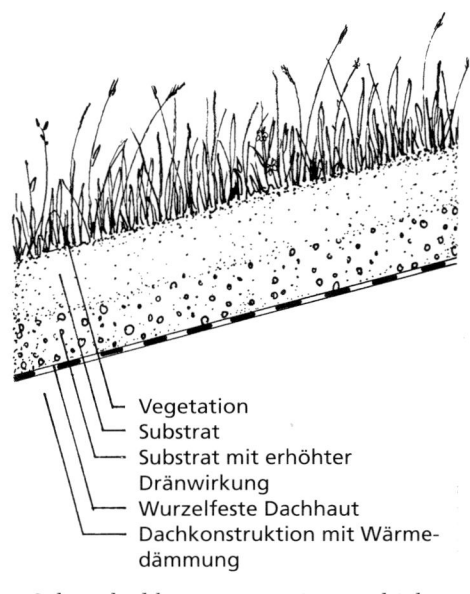

Vegetation
Substrat
Substrat mit erhöhter Dränwirkung
Wurzelfeste Dachhaut
Dachkonstruktion mit Wärmedämmung

5.3 Schrägdachbegrünung mit Einschichtaufbau.

Zahnarztpraxis in Bücken (oben und unten)

Waldorf-Kindergarten, Wennigsen-Sorsum (oben: Spätsommer; unten: Frühjahr)

aus porösen mineralischen Stoffen, wie beispielsweise Bims, Schlacke, Blähschiefer oder Blähton. Darüber hinaus haben diese Partikel weitere positive Wirkungen: sie reduzieren das Gewicht des Substrats, erhöhen dessen Wärmedämmwirkung, erleichtern die Wurzelatmung und wirken aufgrund ihres pH-Wertes puffernd gegen den sauren Regen.

Bei Neigungen zwischen 3° und 20° kann in der Regel auf eine Abrutschsicherung für das Substrat (vgl. Kap. 6, Seite 75) verzichtet werden.

Stark geneigte Dächer

Als stark geneigte Dächer werden hier Gründächer bezeichnet, die eine Neigung von ca. 20° - 40° (36% - 84%) haben und die gegen das Abrutschen des Substrats gesichert sein müssen.
Der Aufbau ähnelt dem der schwach geneigten Gründächer, allerdings sind je nach Dachneigung und Substrathöhe unterschiedliche Schubsicherungen für das Substrat erforderlich. In Kapitel 6, Seite 75 werden diese im einzelnen beschrieben.

5.4 Torfsodenhaus, Island.

Steildächer

Der Begriff Steildach wird hier für Dächer verwendet, deren Neigung 40° (84%) übersteigt. Bei ihnen reichen zur Abrutschsicherung des Substrats die in Kapitel 6, S.75 beschriebenen Schubschwellen, Krallmatten oder sonstigen Hilfsmittel nicht aus.

Die einfachste Art, ein begrüntes Steildach zu erzeugen, zeigt das traditionelle isländische Torfsodendach (Abb. 1.1 und 5.4), das in Kapitel 1 erwähnt wurde: Auf die Dachkonstruktion werden 8 bis 10 cm dicke, gut durchwurzelte Grassoden wie Mauerziegel aufeinandergeschichtet. Da eine Substratdicke von 10 cm nicht ausreicht und loses Substrat abrutschen würde, werden zwei Lagen Grassoden übereinander gelegt, und zwar die unterste mit der Grasnarbe nach unten, die dann als Substrat für die obere dient.
Diese Methode ist besonders für den Selbstbau geeignet. Um nachträgliche Setzungen zu minimieren, ist es wichtig, darauf zu achten, dass die Soden dicht aneinander gepresst werden.
Eine sehr einfache Methode Steildächer mit Moosen zu begrünen besteht darin, zunächst eine Rollrasenmatte mit der Grasnarbe nach unten auf die Dachhaut zu legen und darauf eine Moos-Vegetationsmatte aufzubringen. Um zu vermeiden, daß die Matten abrutschen, können sie beispielsweise am First angebunden und zusätzlich durch horizontal gespannte Seile gehalten werden. Letztere dienen gleichzeitig zur Stabilisierung gegen Windsog.

Am Forschungslabor für Experimentelles Bauen (FEB) der Universität Kassel wurden seit 1976 verschiedene Methoden zur Steildachbegrünung entwickelt und getestet: Bei dem in Abb. 5.5 gezeigten Experimentalbau des FEB wurden Altreifen auf die Dachhaut gelegt und diese dann mit Erde

und Grassoden gefüllt. Nach einer Vegetationsperiode war der Bau mit einem dichten, grünen Pelz überzogen (Abb. 5.6). Das Steildach des in Abb. 5.7 abgebildeten Testbaus des FEB ist auf 3 verschiedene Arten begrünt:
Rechts auf dem Bild sind die 1976 am FEB entwickelten Pflanzbehälter zu sehen, die wie Dachziegel eine wasserdichte Abdekkung ermöglichen und die, gefüllt mit 9 Liter Substrat (Abb. 5.8) sich zudem als Pflanzbehälter nutzen lassen. Durch die 40 mm breite seitliche Überlappung, die leichte Krümmung und durch die spezielle Profilierung lassen sich damit sowohl ebene, wie auch tonnen- und kuppelförmige Dächer abdecken.

Hotelanlage Rogner, Bad Blumau, Österreich

Eingang der Hotelanlage

Swarovski-Kristallwelten-Museum, Wattens, Österreich

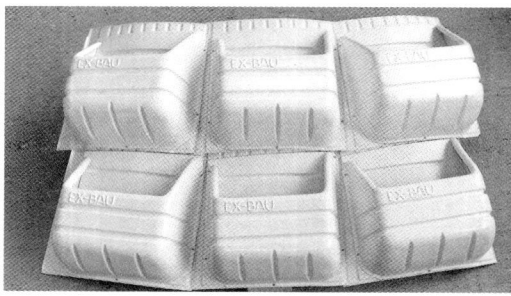

An dem gleichen Bau wurden substratgefüllte Pflanzsäcke aus netzartigem Polyethylengewebe getestet (Abb. 5.9). Näheres hierzu bei Minke (1985).

Für die Bundesgartenschau 1985 in Berlin wurde ein Hallendach mit einer Neigung von 45° mit vorgefertigten Pflanzmatten begrünt (Abb. 5.10). Diese waren mit einer Krallmatte und einem Vlies bzw. Gittergewebe doppelt armiert und in 1 m breiten und bis zu 20 m langen Bahnen vorgefertigt. Die Montage erfolgte in einer besonderen Technik: Die Matten wurden auf einer drehbaren Rolle aufgewickelt und vom Kran während des Abwickelns über das Dach gezogen (Abb. 5.11). Zur Schubsicherung mussten sie allerdings zusätzlich mit Stiften in den Wärmedämmplatten des Umkehrdaches befestigt werden.

Auch die Begrünung des in Abb. 5.13 gezeigten Grasdaches mit 45°-Neigung war nur durch doppelt armierte Pflanzenmatten möglich, die am First befestigt wurden.

Sehr wirkungsvoll ist das in Abb. 5.12 dargestellte Schubsicherungssystem aus recyceltem Kunststoff, das aus Steckprofilen besteht. Es steht auf der Traufbohle auf, die entsprechend gut an der Dachkonstruktion befestigt sein muss.

Auf der Weltausstellung EXPO 2000 Hannover sind bis zu 70° steile begrünte Kegel zu sehen, stabilisiert mit einem Stahlgittergewebe (Abb. 5.14). Die Stahldrähte wurden mit einer neuartigen, besonders rostbeständigen Zink-Aluminium-Legierung überzogen (Nünninghoff u. Sczepanski 1987). In die im Querschnitt dreieckigen Stahldrahtkörbe sollen Substrat eingebracht und die Körbe mit einem scherfesten Material hinterfüllt werden, das zur Lastabtragung dient (Delta-Green o.J.).

5.7 (Seite 60, oben)
Versuchsbau Universität Gesamthochschule
Kassel, 1977

5.8 (Seite 60, Mitte)
„Pflanzbehälter-Ziegel"

5.9 (Seite 60, unten)
Substratgefüllte Pflanzsäcke

5.10, 5.11 (links und rechts oben)
Steildachbegrünung Bundesgartenschau
Berlin 1985

5.12 (links unten)
Schubsicherungssystem aus recyceltem Kunststoff (DAKU)

5.13 (rechts Mitte)
Grasdach mit 45° Neigung,
Siegen-Oberscheiden

5.14 (rechts unten)
Steilwandbegrünung EXPO 2000 Hannover

Versuchsgebäude mit Lehmwänden und begrünten Dächern, Universität Kassel

7.1. Die undichte Wellasbesteindeckung ...

7.2 ... wird durch ein Gründach ersetzt.

5.15   Begrünter Carport (oben) und Garage mit Grasdach (unten).

Einfache Begrünungen für Garagen und Carports

Garagen und Carports lassen sich naturgemäß einfacher und kostengünstiger begrünen als die Dächer größerer Gebäude. Dies liegt vor allem daran, dass als Wurzelschutzbahn eine PE- oder PVC-Folie in voller Breite ohne Naht verwendet werden kann. Solche Folien sind beispielsweise als Teichfolien in Baumärkten erhältlich. Am preiswertesten sind Regeneratfolien. Allerdings ist zu beachten, dass sie keine Gewebearmierung haben und deshalb leicht beschädigt werden können. PVC-Folien sollten mindestens 0,8 mm, besser 1 mm dick sein. Als Schutz gegen rauhen Untergrund ist vorher ein Vlies von ca. 300 g/m² auszulegen. Am preiswertesten sind Vliese aus recycelten Joghurtbechern.

Beim Betreten der ausgelegten Dachhaut ist darauf zu achten, dass diese nicht verletzt wird. Vorteilhaft ist, auf der Dachhaut eine Dränmatte aufzubringen, die nicht nur als Schutzschicht dient, sondern gleichzeitig auch Wasser speichern kann. Für diesen Zweck gibt es preiswerte Matten aus recyceltem Kunststoffschaum.

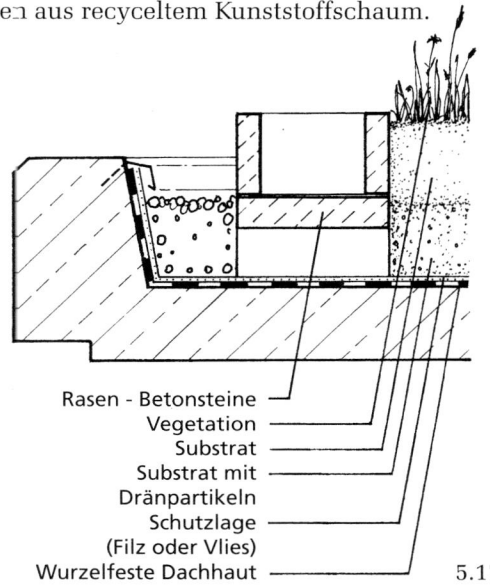

Rasen - Betonsteine
Vegetation
Substrat
Substrat mit Dränpartikeln
Schutzlage (Filz oder Vlies)
Wurzelfeste Dachhaut

5.17

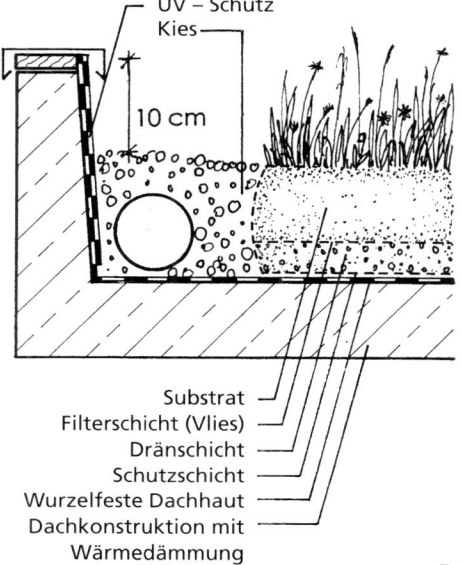

UV – Schutz
Kies
10 cm

Substrat
Filterschicht (Vlies)
Dränschicht
Schutzschicht
Wurzelfeste Dachhaut
Dachkonstruktion mit Wärmedämmung

5.16

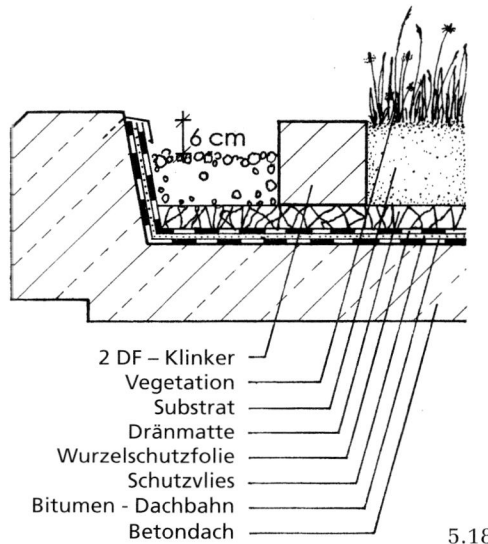

6 cm

2 DF – Klinker
Vegetation
Substrat
Dränmatte
Wurzelschutzfolie
Schutzvlies
Bitumen - Dachbahn
Betondach

5.18

5.16 bis 5.18   Dachrandausbildungen bei begrünten Flachdach-Garagen

Denkbar sind auch dickere Filzmatten und darüber eine Schicht aus mineralischen gebrochenen Partikeln, wie beispielsweise Blähton, Blählava, Schlacke oder Bims. Die Abb. 5.16 bis 5.18 zeigen drei Ausbildungsmöglichkeiten.

Der Schichtaufbau beim nachträglichen Begrünen ist abhängig von der Belastbarkeit des Daches, der Art der Dachdichtung, von der Dachneigung und der Höhe der Aufkantung.

Bei Fertiggaragen, für die eine Bekiesung vorgesehen ist, kann problemlos anstelle der Kieslast von z.B. 100 kg/m² 10 cm Leichtsubstrat (z.B. aus 2 Teilen gebrochenem Blähton und 1 Teil Erde) aufgebracht werden.

Hat das Garagendach weniger als 3% Neigung, ist eine Dränschicht sinnvoll. Bei zu geringer Aufkantung und bei Neigungen unter 3% dient vor der niedrigsten Kante ein Grobkiesstreifen bis zum Dachauslauf zur Wasserableitung. Ist die Substratschicht höher als die Aufkantung, kann am Ende ein Rundholz, ein Winkel, oder auch Ziegel bzw. Betonsteine als Begrenzung eingebaut werden (vgl. Abb. 5.17 und 5.18). Das Schutzvlies über der Dränschicht muss dabei hochgezogen werden, um ein Zuschlämmen der Kiesschicht mit Erde zu vermeiden.

Am Rand sollte die Dachhaut hochgeführt und gegen UV-Licht geschützt werden. Um die Lebensdauer zu erhöhen, ist eine Abdeckung ratsam, auch wenn die Folien als UV-beständig gelten. Zu beachten ist auch, dass PVC-Folien nicht mit Bitumen in Berührung kommen dürfen.

Bei vorhandener Kiesschicht besteht die einfachste Art der Begrünung darin, 3 - 4 cm Kies abzutragen und dafür 4 bis 6 cm Erde aufzubringen. Dann wird eine Wildgräser-Wildkräuter-Samenmischung mit Sedumsprossen ausgesät. Die Sedumarten entwickeln sich am besten auf diesem Magersubstrat, vor allem *Sedum acre*, *Sedum spurium*, *Sedum sexangulare*. Vereinzelt werden sich auch Rispengräser (*Poa bulbosa*, *Poa angustifolia*, *Poa compressa*) sowie die Dachtrespe (*Bromus tectorum*) und Schnittlauch (*Allium schoenoprasum*) halten.

Werden Carports und Garagen neu geplant, so ist es sinnvoll, für das Gründach eine Neigung von 5 – 15% vorzusehen und eine Last von 1,5 kN/m² (150 kg/m²) zu berücksichtigen. Dann kann eine Schicht von 12 – 16 cm Leichtsubstrat aufgebracht werden, auf der ein dichtes Vegetationspolster aus Wildgräsern und Wildkräutern wachsen kann.

6. Konstruktive Details

Dachränder, Dachdurchdringungen, Dachanschlüsse

Beim Anbringen der Dachdichtung bzw. des Durchwurzelungsschutzes muss beachtet werden, dass diese bei An- und Abschlüssen aus der wasserführenden Schicht herausgeführt werden. Aus den *Flachdachrichtlinien* sowie aus DIN 18195, Teil 9 und DIN 18531 ergeben sich folgende Werte:

Bei Dachrandabschlüssen (Abb. 6.1):
- bis 5° Dachneigung: 10 cm
- über 5° Dachneigung: 5 cm

Bei Anschlüssen an Fassaden oder anderen aufgehenden Bauteilen:

- bis 5° Dachneigung: mindestens 15 cm
- über 5° Dachneigung: mindestens 10 cm

Wird die Dachhaut weniger als 15 cm hochgeführt, so sollte sie bis über die Aussenkante der Aufkantung reichen. Der Überstand muß mindestens 2 cm betragen (Abb. 6.1). Bei der Traufe ist die Dachhaut grundsätzlich bis über die Aussenkante zu verlegen, um bei eventuellem Wasseranstau (z.B. bei Schnee und Vereisung) ein Eindringen von Wasser in die Konstruktion auszuschliessen (Abb. 6.2). Die Befestigung der Dachrandabdeckung, die die Dachhaut durchdringt, muß wasserdicht ausgeführt werden.

Die FLL-Richtlinien (1996) besagen, dass „ein in der Regel 50 cm breiter Kies- oder Plattenstreifen um das betreffende Bauteil als Abstand zur Vegetationsfläche auszubilden" sei.

6.1 Ausbildung der Dachhaut an Dachrändern

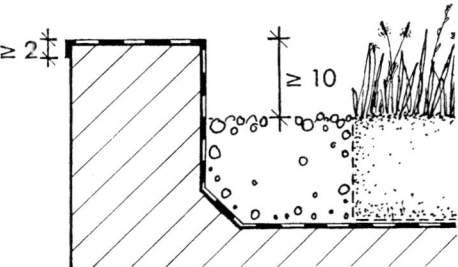

Ortgang oder Attika bei Dächern
mit Neigungen bis 5°

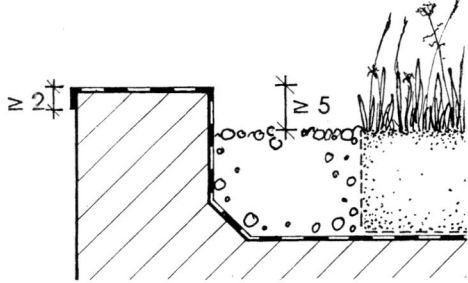

Ortgang oder Attika bei Dächern
mit Neigungen über 5°

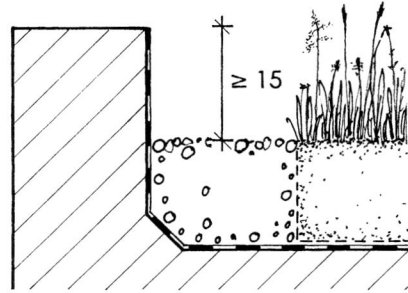

Anschluß an Attika oder aufgehendes
Mauerwerk bei Dachneigungen bis 5°

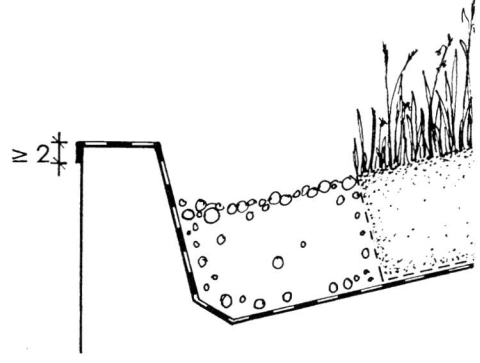

6.2　Ausbildung der Dachhaut an der Traufe

Bei Dachrändern wird ein Maß von 25 – 50 cm angegeben. Dieser Streifen soll bei Extensivbegrünungen zur Windsogsicherung und bei Fassadenanschlüssen als „Sicherheitsabstand und Spritzschutz" dienen. Hier ist allerdings anzumerken, dass eine dichte Vegetation einen sehr viel besseren Spritzschutz bietet als ein Kies- oder Plattenstreifen.

Die Erfahrungen aus der Praxis zeigen ferner, dass bei den vielen geneigten Gründächern mit ca. 15 cm Substratstärke, die seit 1978 ohne Kies- bzw. Plattenstreifen errichtet wurden, keine Probleme auftauchten, so dass diese Maßnahme nicht grundsätzlich als notwendig angesehen werden muss. Allerdings kann aus brandschutztechnischen Gründen bei Dachdurchdringungen und „aufgehenden Bauteilen" mit Brüstungshöhen ≤ 80 cm ein vegetationsfreier Streifen von 50 cm Breite erforderlich sein, vgl. Kapitel 3, Seite 33.
Bei Gründächern über Brandwänden wird gefordert, daß die Brandwände bis zur Dachhaut reichen. Zusätzlich fordern einige Länder, daß über der Brandwand ein 1 m breiter Streifen aus Grobkies oder Platten angeordnet, oder daß die Brandwand 30 cm über das Dach hinausgeführt wird (Abb. 6.3). Dabei können Wärmebrücken entstehen.

Um eine ausreichende Regenwasserableitung zu gewährleisten, ist bei geneigten Dächern an der Traufe in der Regel ein ca. 30 cm breiter Kiesstreifen mit zusätzlichem Drainrohr erforderlich.
Außerdem ist es notwendig, an der Traufe ein starkes Randprofil anzubringen, das in der Lage ist, die Schubkräfte der Erdschicht aufzunehmen und diese in die Dachkonstruktion zu leiten. Entsprechende typische Randdetails für Ortgang und Traufe sind in den Abbildungen 6.1 bis 6.11 dargestellt.
Bei traditionellen skandinavischen Gründächern wurde das Wasser unter dem Rand-

profil abgeleitet und der Randabschlussbalken (Sodenbalken) durch einen hölzernen Sparrenhaken oder einen Kolbennagel gehalten (Abb. 6.12). Diese Lösung wird auch bei modernen Gründächern in Skandinavien häufig gewählt (Abb. 6.13, 6.14 und 6.16).

Bei ausreichendem Querschnitt des Dränrohrs (80 bis 100 mm) und Längen bis zu 10 m, ist an der Traufe kein Quergefälle notwendig. Dachrinnen können in jedem Fall eingespart werden.
Durchbrüche für Schornsteine, Entlüftungsrohre, Dachfenster, Antennen und dergleichen müssen sehr sorgfältig ausgeführt werden. Dabei sollte die Dachhaut an den Anschlussstellen 15 cm hoch aus dem feuchten Bereich der Vegetationsschicht herausgeführt und mit den die Dachhaut durchdringenden Bauteilen spannungsfrei verbunden werden (Abb. 6.15, 6.17). Auch wenn alle üblichen wurzelfesten Dachabdichtungen UV-stabil sind, sollte die Dachhaut nicht frei liegen. Die einfachste Lösung besteht darin, einen zweiten Dachhautstreifen als UV-Schutz über der freiliegenden Dachhaut anzubringen. Einige Firmen bieten dafür kunststoffbeschichtete Bleche an, auf die die Dachhaut verschweißt werden kann. Bei geringen Aufkantungen ist es auch möglich, diesen Bereich mit Grobkies abzudecken (Abb. 6.6 bis 6.8). Für Dunstrohre, die die Dachhaut durchbrechen müssen, gibt es spezielle röhrenförmige Formteile mit aufgeschweißtem Flansch, der mit der Dachhaut verschweißt wird. Auch für Innen- und Aussenecken sind spezielle Formteile erhältlich.

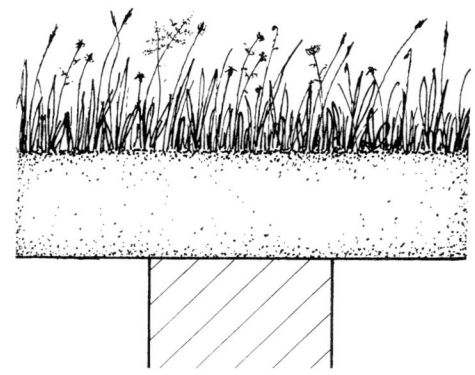

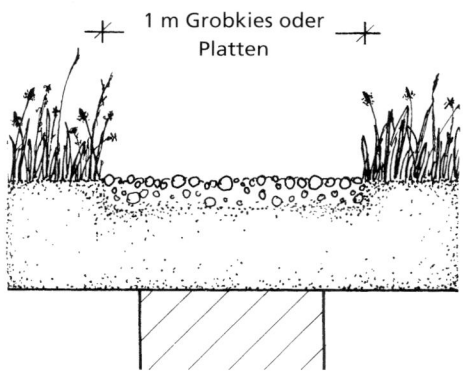

1 m Grobkies oder Platten

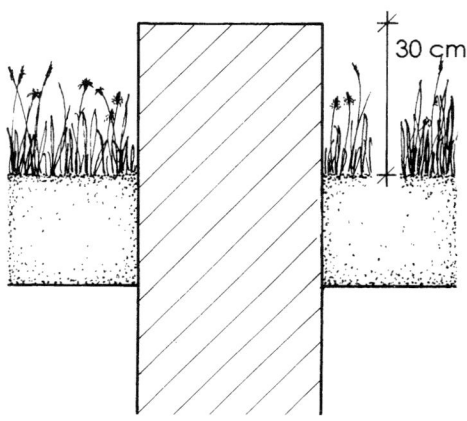

30 cm

6.3 Unterschiedliche Ausbildungsvorschriften bei Gründächern über Brandwänden.

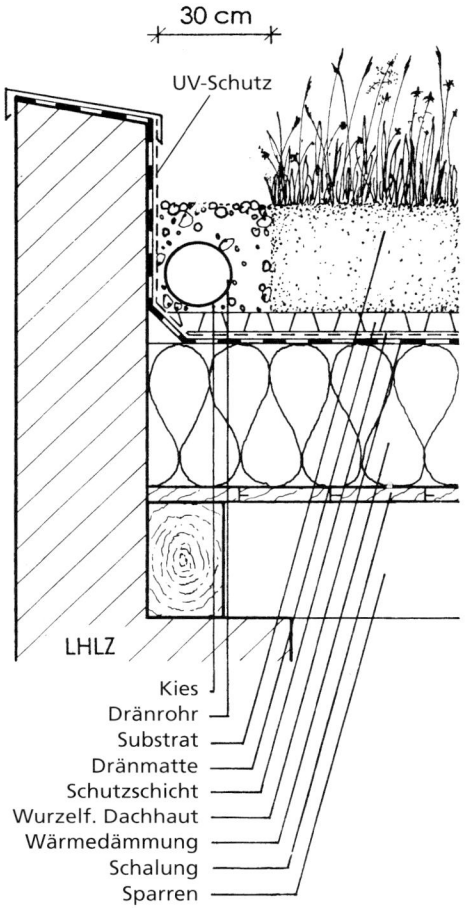

30 cm

UV-Schutz

LHLZ

Kies
Dränrohr
Substrat
Dränmatte
Schutzschicht
Wurzelf. Dachhaut
Wärmedämmung
Schalung
Sparren

Innenentwässerungen sollten möglichst vermieden werden, da durch Tauwasserbildung am Rohr Bauschäden auftreten können, Abb. 6.23 zeigt ein Anschlußdetail. Für die Dachränder wird meist eine Abdeckung aus Titan-Zink-Blech gewählt. Dieses sollte aber nicht mit der Erde in Berührung stehen.

Die einfachste Abdeckung besteht aus Holz. Empfehlenswert ist unbehandeltes Lärchenholz, das bei richtiger Hinterlüftung 30 Jahre und länger halten kann. Entscheidend bei der Holzabdeckung ist die Detailausbildung. Die Holzbretter dürfen nur eine sehr kleine Berührungsfläche mit der Unterkonstruktion haben. Da sich hier Kapillarwasser lange hält, besteht die Gefahr langsamer Verrottung. Deshalb ist es vorteilhaft, die Bretter nicht direkt auf eine Auflagerleiste zu schrauben, sondern eine Kunststoffunterlegscheibe dazwischen anzubringen.

6.4 Dachrandausbildung Traufe

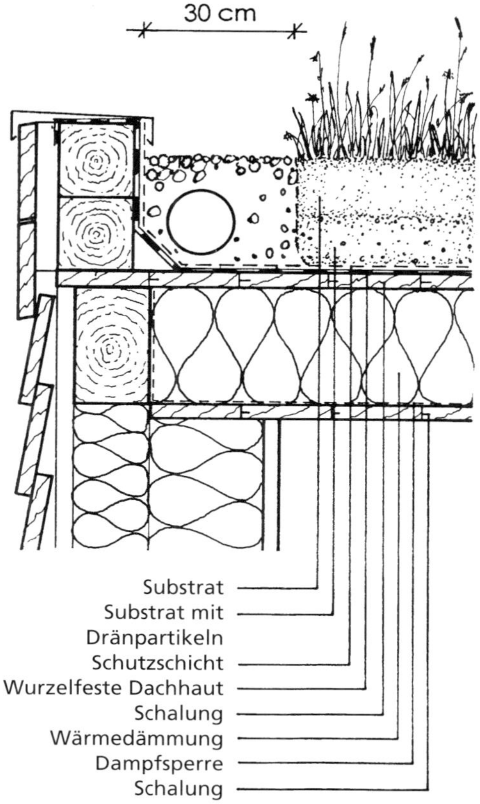

30 cm

Substrat	Substrat
Substrat mit	Filtervlies
Dränpartikeln	Schutzvlies
Schutzschicht	Wurzelfeste Dachhaut
Wurzelfeste Dachhaut	Schalung
Schalung	Wärmedämmung
Wärmedämmung	Dampfsperre
Dampfsperre	Schalung
Schalung	

6.5 Dachrandausbildung Traufe 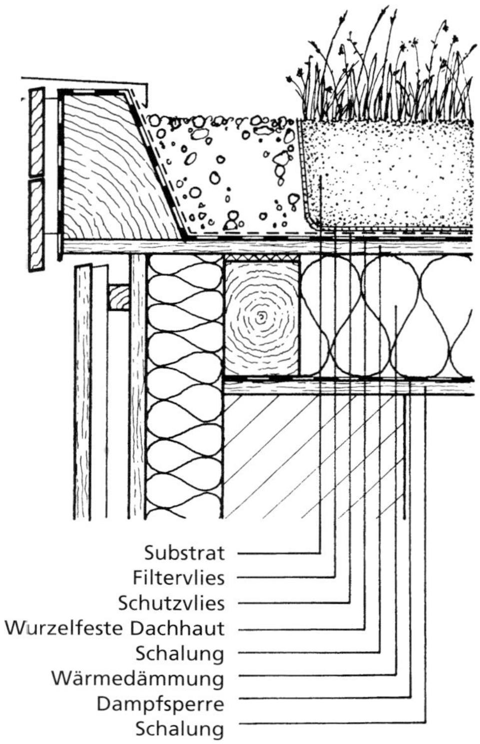   6.6 Dachrandausbildung Ortgang

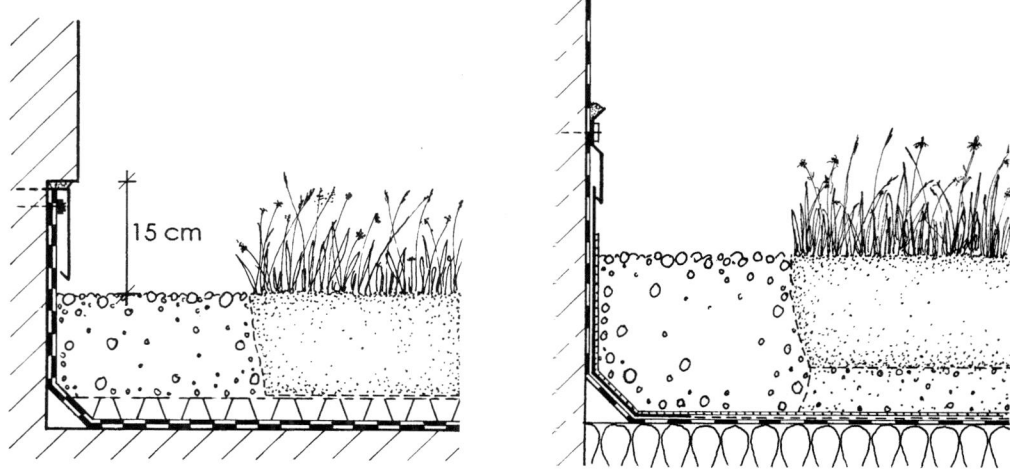

15 cm

6.7 und 6.8   Randanschlüsse an aufgehendem Mauerwerk

71

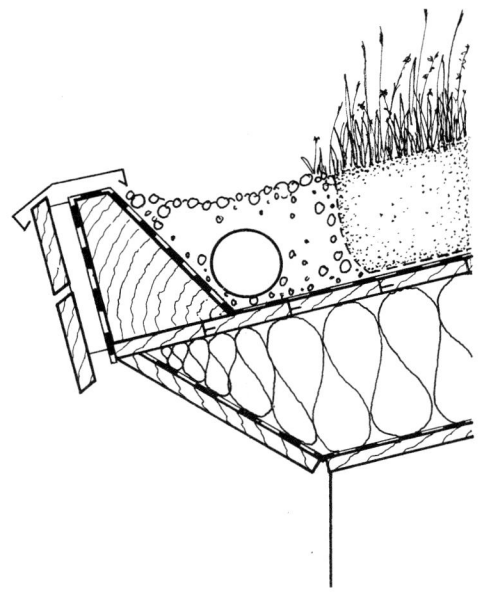

6.9 Traufausbildung mit seitlicher
Entwässerung

6.10 Traufausbildung mit Innenentwässerung

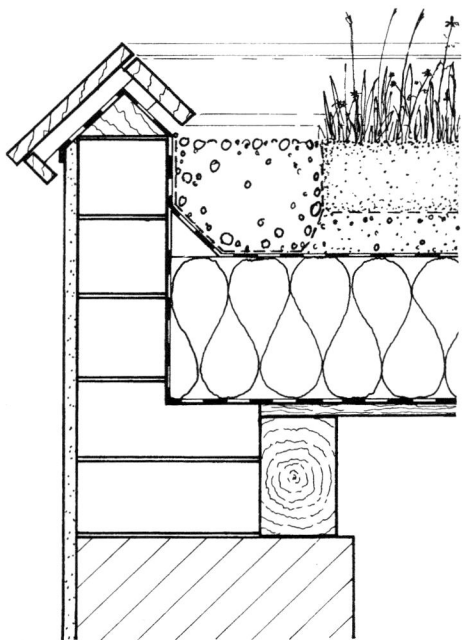

6.11 Ausbildung Ortgang

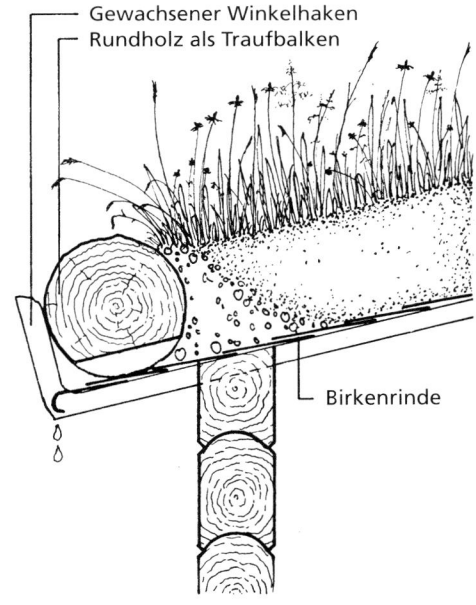

6.12 Traufdetail eines traditionellen
skandinavischen Gründaches.

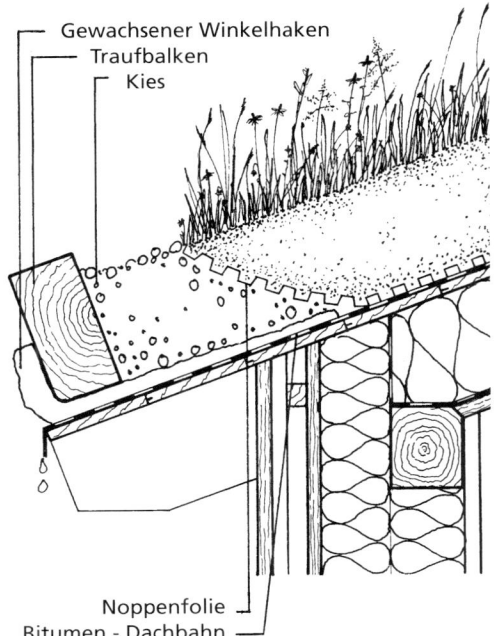

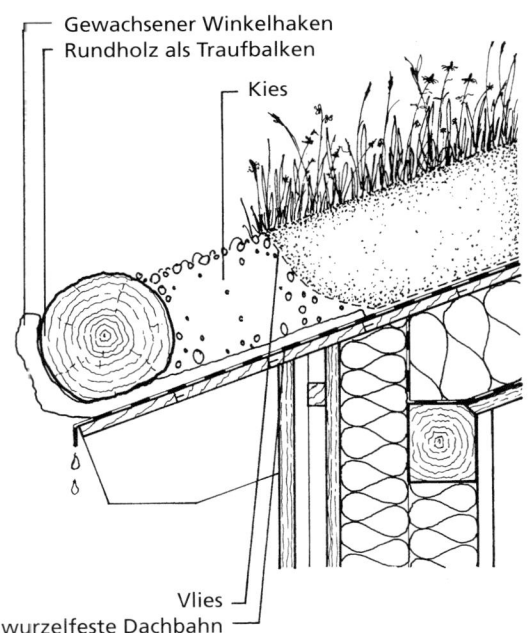

Gewachsener Winkelhaken
Traufbalken
Kies

Noppenfolie
Bitumen - Dachbahn

Gewachsener Winkelhaken
Rundholz als Traufbalken
Kies

Vlies
wurzelfeste Dachbahn

6.13, 6.14 (oben links und rechts)
Traufdetails eines modernen skandinavischen
Gründachs (Grützmacher 1984)

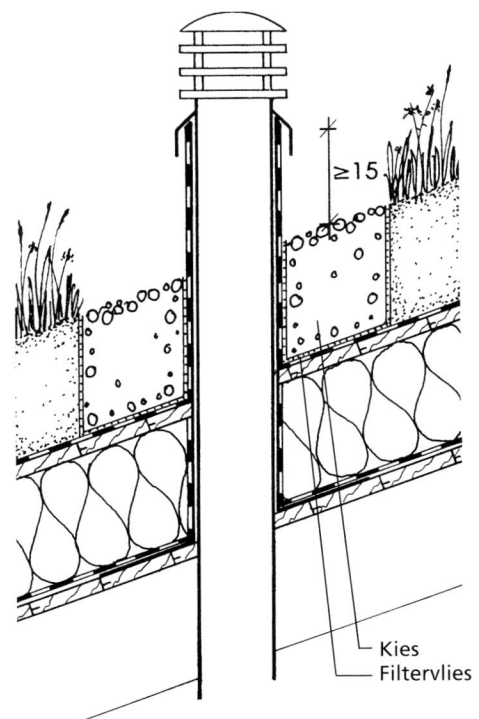

≥15

Kies
Filtervlies

6 15 Anschluss an eine Entlüftung

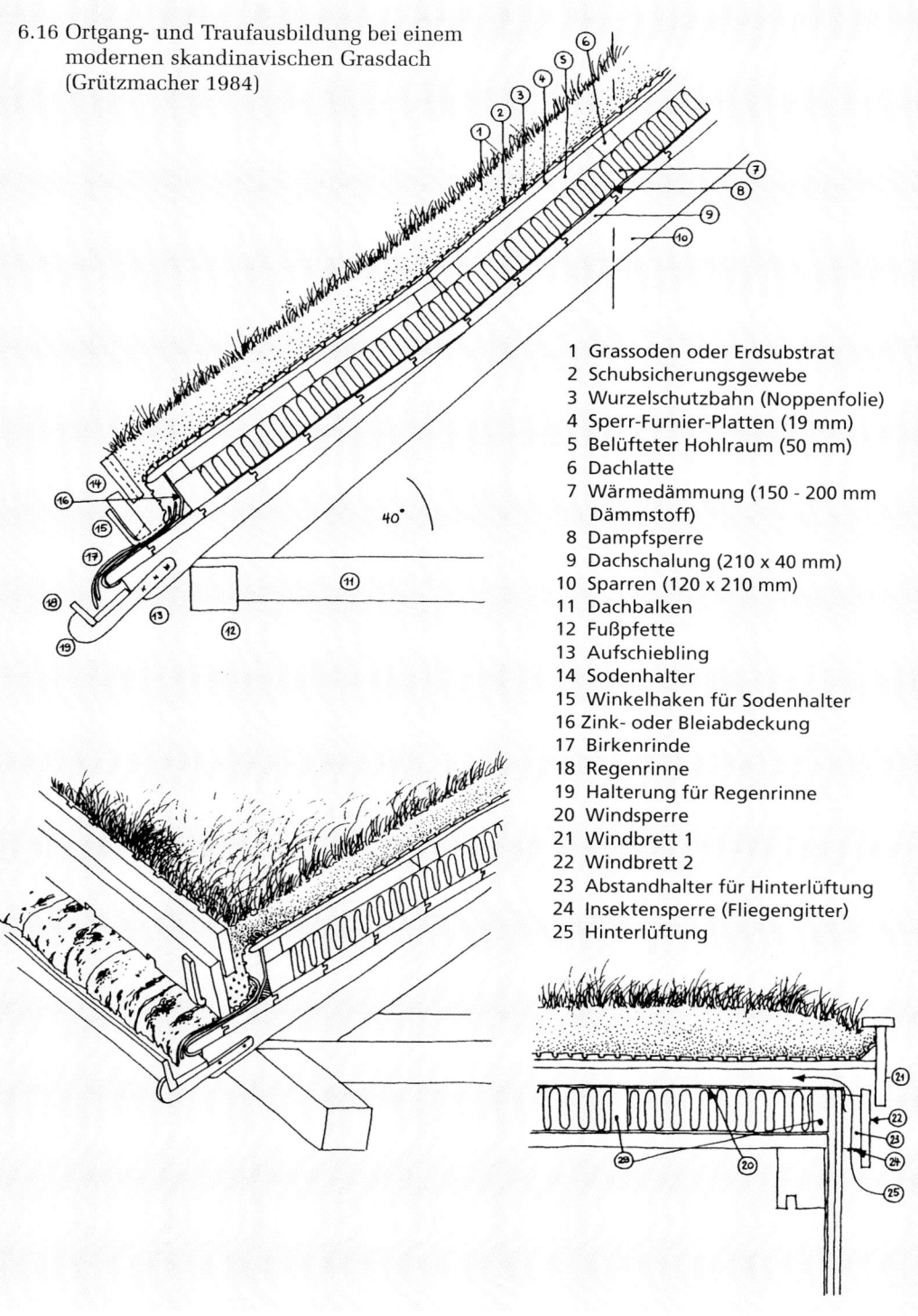

6.16 Ortgang- und Traufausbildung bei einem
modernen skandinavischen Grasdach
(Grützmacher 1984)

1 Grassoden oder Erdsubstrat
2 Schubsicherungsgewebe
3 Wurzelschutzbahn (Noppenfolie)
4 Sperr-Furnier-Platten (19 mm)
5 Belüfteter Hohlraum (50 mm)
6 Dachlatte
7 Wärmedämmung (150 - 200 mm
   Dämmstoff)
8 Dampfsperre
9 Dachschalung (210 x 40 mm)
10 Sparren (120 x 210 mm)
11 Dachbalken
12 Fußpfette
13 Aufschiebling
14 Sodenhalter
15 Winkelhaken für Sodenhalter
16 Zink- oder Bleiabdeckung
17 Birkenrinde
18 Regenrinne
19 Halterung für Regenrinne
20 Windsperre
21 Windbrett 1
22 Windbrett 2
23 Abstandhalter für Hinterlüftung
24 Insektensperre (Fliegengitter)
25 Hinterlüftung

Abrutschsicherung
für das Substrat

Bei stärker geneigten Dächern besteht die Gefahr, dass das Substrat abrutscht. Ob spezielle vegetationstechnische oder konstruktive Maßnahmen dagegen getroffen werden müssen, ist abhängig von der:

- Dachneigung,
- Länge der Dachschräge,
- Substratstärke,
- Bindigkeit des Substrats und dem
- Grad der Verwurzelung.

Bei Gründächern mit 15 cm bindigem Substrat ohne getrennte Dränschicht und einer Wildgräser-/Wildkräutervegetation sind erst ab einer Neigung von etwa 20° (36%) Schubsicherungen notwendig. Bei einer Vegetation mit weniger dichter Verwurzelung und bei körnigerem Substrat kann schon bei 15° Neigung (27%) eine Schubsicherung erforderlich werden.

Sehr wirkungsvoll sind Schubschwellen unter der Dachhaut (Abb. 6.18). Je steiler die Dachneigung, um so enger müssen die Schwellen angeordnet sein. Um eine Verletzung der Dachhaut an diesen Stellen auszuschließen, sind bei Schubschwellen aus Kantholz die Ecken abzurunden oder abzufasen und unter der Dachhaut ein dickes Schutzvlies vorzusehen. Bei kleineren Dachlängen ist es auch möglich, Dachlattenroste in das Substrat zu legen, die dann im Laufe von 2 bis 3 Jahren verrottet sind, wenn das Substrat vollständig durchwurzelt ist.

Auch in das Substrat eingelegte Estrich- oder Baustahlmatten werden manchmal zur Stabilisierung verwendet. Sie verlieren durch Rosten zwar ihre Festigkeit, bis dies aber der Fall ist, hat das Wurzelwerk der Pflanzen genügend Stabilisierungsfunktion übernommen.

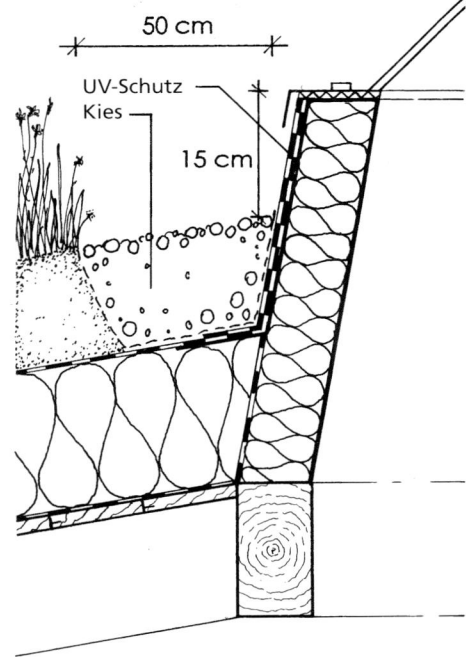

6.17 Anschluss an ein Oberlicht

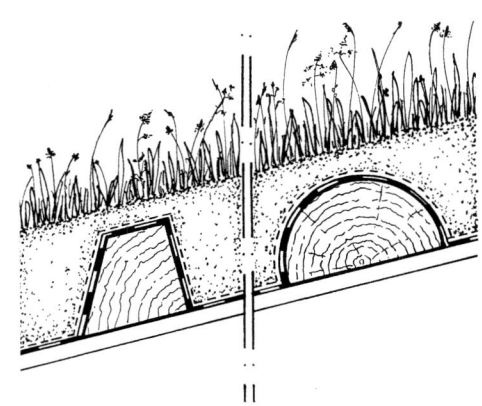

6.18 Substrat-Abrutschsicherung durch Schubschwellen

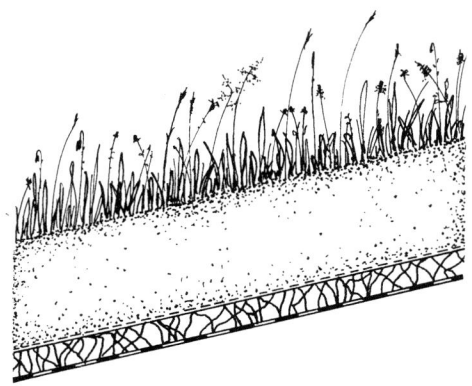

6.19 Substrat-Abrutschsicherung durch Krallmatten

6.20 Vegetationsplatten aus Lehm, Holzwolle und Roggenmehl (Flora-Naturprodukte)

Bei geringeren Substrathöhen und Neigungen von 15° bis 25° reichen in der Regel auch zugfeste Vliese oder gewebearmierte „Krallmatten" (dreidimensionale Vliese) aus, wenn diese am First befestigt sind und das Substrat bindig genug ist (Abb. 6.19). Eine ähnliche Wirkung haben die in Kapitel 4, Seite 41/42 und Abb. 4.9 beschriebenen Dränelemente bzw. Begrünungsplatten aus Polystrol-Hartschaum oder Recycling-Baumwollfasern.

Wird die Vegetation in Form von Rollrasen oder Vegetationsmatten eingebracht, so verringert sich die Gefahr des Abrutschens für das Substrat etwas.

Eine interessante Lösung sind steife Platten aus Lehm, Roggenmehl und Holzwolle, auf die eine dünne Substrat-Samen-Sprossen Schicht aufgetragen ist (Abb. 6.20). Die Platten dienen als Nährboden für die Vegetation und werden im Laufe eines Jahres durchwurzelt und aufgelöst.
Alle Stabilisierungshilfen, die nur in das Substrat eingelegt werden bzw. lose auf der Dachhaut liegen, müssen, wenn sie ausreichend druckfest sind, kraftschlüssig auf der Traufbohle (Traufbalken) stehen oder sonst am First befestigt sein. Die einfachste Lösung dafür ist bei Satteldächern die Verbindung über den First mit der Gegenseite. Bei Dachneigungen über 30° (58%) sind zur Schubsicherung in der Regel zusätzlich zu den konstruktiven auch vegetationstechnische Maßnahmen erforderlich: Bei Einsaat bietet sich eine oberflächliche Stabilisierung des Substrats mit Klebern, Alginaten bzw. Zellulose an oder aber die Verwendung vorgefertigter Vegetationsmatten. Extrem steile Begrünungen über 40° sind möglich, erfordern aber eine spezielle Befestigungstechnik und einen besonderen Aufbau. In Kapitel 5, Seite 56 ff. sind mehrere Lösungen beschrieben.

Entwässerung

Bei extensiv begrünten Dächern müssen weniger Regenabflussrohre installiert werden als bei üblichen Dächern. Nach DIN 1986 fließt nur 30 % der anfallenden Regenmenge vom Dach ab. Hinzu kommt, dass der Regenabfluss stark verzögert erfolgt.

Bei Traufhöhen bis zu 10 m genügt in der Regel ein Regenabfluß jeweils am Ende. Dieser wird nach unten gerichtet (Abb. 6.21), schräg nach vorn oder zur Seite montiert, entweder über ein Regenrohr oder einen Wasserspeier (Abb. 6.22). Abb. 6.23 zeigt die Ausbildung einer Innenentwässerung. Dafür gibt es spezielle Stutzen mit Flansch, die mit der Dachhaut verschweißt werden.

An der Traufe muss ein in Kies gebettetes Dränrohr mit 80 bis 100 mm Durchmesser verlegt werden. Bei größeren Trauflängen ist es vorteilhaft, ein Quergefälle von ca. 1% vorzusehen.

Bei Dachkehlen empfiehlt sich eine Lösung entsprechend der Abb. 6.24.

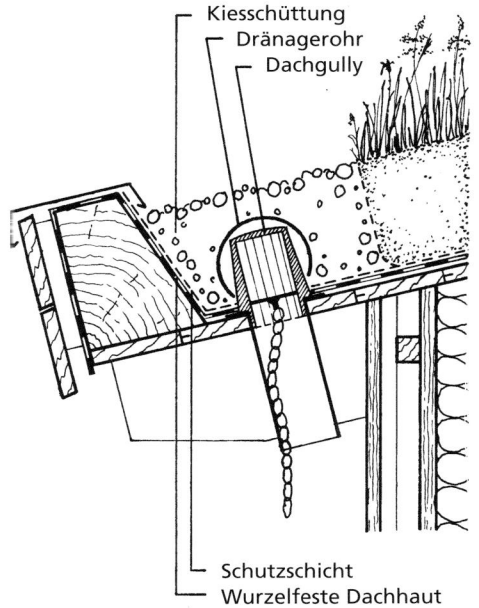

Kiesschüttung
Dränagerohr
Dachgully
Schutzschicht
Wurzelfeste Dachhaut

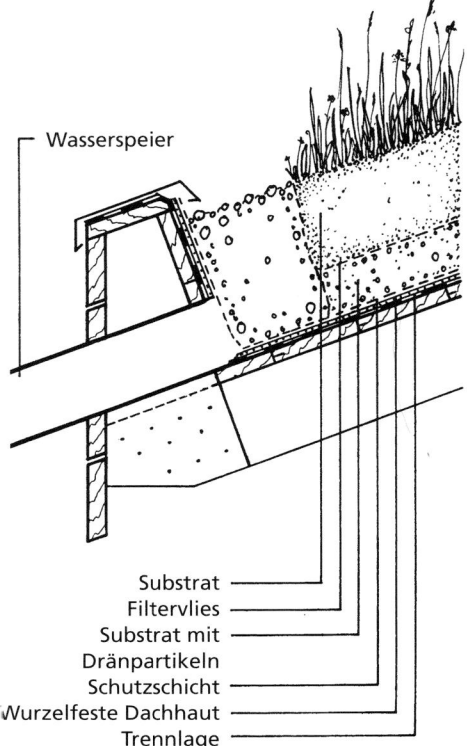

Wasserspeier

Substrat
Filtervlies
Substrat mit Dränpartikeln
Schutzschicht
Wurzelfeste Dachhaut
Trennlage

6.21, 6.22 Regenabfluss-Details

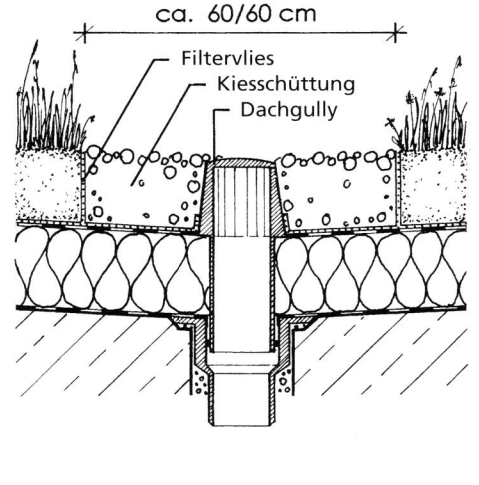

6.23 Innenentwässerung

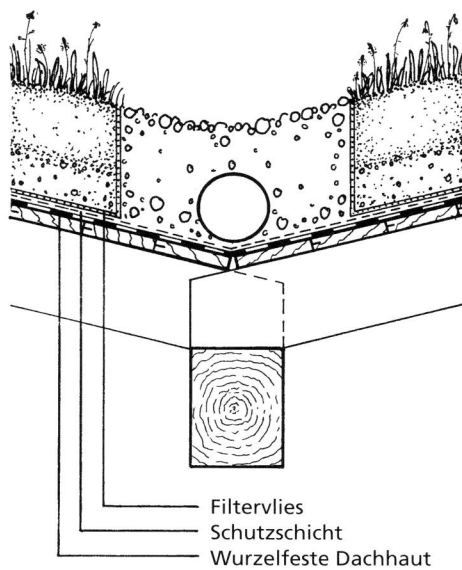

6.24 Ausbildung einer Dachkehle

7. Nachträgliche Begrünung

Bei allen bis 30° geneigten Dächern mit konventioneller Dacheindeckung, die erneuerungsbedürftig sind, erweist sich der Einbau eines Grasdaches in der Regel als eine wirtschaftliche und energietechnisch hervorragende Reparatur- und Verbesserungsmaßnahme.

Flachdächer sollten eine Mindestneigung von 3% (besser 5%) haben, die beispielsweise durch Aufschüttungen, Gefällebeton oder eine entsprechende Holzunterkonstruktion erreicht werden können.

Vor der Begrünung muss die Belastungsfähigkeit und die dampfsperrende Wirkung der vorhandenen Dachkonstruktion ermittelt werden. Die nachträgliche Begrünung bietet gleichzeitig die Gelegenheit, mit geringem Aufwand die Wärmedämmwirkung des Daches zu erhöhen.

Es ist nicht sinnvoll, Grassoden oder Substrat direkt auf eine vorhandene Dachdeckung aus Ziegeln, Wellasbestplatten oder dergleichen aufzubringen. Da sich aufgrund der Kapillarkraft die Feuchtigkeit aus der Erde in die bestehenden Fugen hineinzieht und die Wurzeln dann in diese Fugen hineinwachsen, kann es sehr leicht zu Bauschäden kommen. In jedem Falle sollte eine spezielle wasserdichte und wurzelfeste Dachhaut aufgebracht werden.

Falls keine intakte Dampfsperre vorhanden ist, muss eine Entlüftungsschicht unter der obersten Dichtungsbahn eingebaut werden.

Es ist relativ einfach, vorhandene Kiesdächer durch Einfachbegrünung zu beleben. Bei alten Kiesdächern macht die Natur dies manchmal selbst: Durch Staub- und Laubablagerung und durch die Verwitterung entsteht ein Nährboden, in dem sich anspruchslose Pflanzen, wie Moose, Mauerpfeffer und andere Fettblattgewächse ansiedeln können. Dieser Prozess kann beschleunigt werden, indem man etwas Erde und organische Substanz, wie Zweige, Rinde oder Strohhäcksel in den Kies drückt und einige dieser anspruchslosen Magerbiotop-Pflanzen einsetzt.

Einfachbegrünungen dieser Art sollten aber nur gewählt werden, wenn die unter dem Kies befindliche Dachabdichtung auch wurzelfest ist. Bitumendachbahnen gelten nicht als wurzelfest.

Das in den Abb. 7.1 und 7.2 (Seite 63) dargestellte Wohnhaus mit 180 m² flachgeneigter Dachfläche war ursprünglich mit Wellasbestplatten abgedeckt. Da trotz mehrmaliger Reparaturen immer wieder Feuchtigkeit durch das Dach drang, entschloss sich der Bauherr, die alte Dachdeckung abzunehmen und durch eine Wildgräser- Wildkräuter-Wiese zu ersetzen. Seitdem waren keine Reparaturen mehr nötig. Um das höhere Gewicht des Gründaches aufnehmen zu können, wurde zwischen die vorhandenen, relativ dünnen Holzsparren, jeweils ein neuer eingesetzt.

8. Fertigstellungspflege, Bewässerung

Wird eine Firma für den Bau des Gründaches beauftragt, ist es ratsam, festzulegen, ob im Rahmen der Fertigstellungspflege besondere Maßnahmen getroffen werden sollen, wie z.B.:

- Anfangsbewässerung,
- Bewässerung bei Auflaufen der Saat,
- Intervallbewässerung bis zur Abnahme,
- Startdüngung,
- Nachsäen, Nachpflanzen.

Reicht die Feuchtigkeit im Substrat in der Phase des Anwachsens nicht aus, muss künstlich bewässert werden. Wenn die Vegetation fest verwurzelt bzw. ausreichend entwickelt ist, benötigen extensive Begrünungen in der Regel keine künstliche Bewässerung mehr.

Gründächer mit dichtem Graspolster verdunsten zwar verhältnismäßig viel Feuchtigkeit, durch die morgendliche Tauwasserbildung im Graspolster werden sie aber wiederum zusätzlich bewässert. In sehr langen Trockenperioden und insbesondere bei steilen, nach Süden geneigten Dächern oder bei Substraten mit geringer Wasserspeicherung kann eine künstliche Bewässerung sinnvoll sein. In diesem Fall ist es vorteilhaft, im Firstbereich Schläuche für Tropfenbewässerung in das Substrat zu verlegen.
Es kann vorkommen, dass einige Pflanzen absterben; durch eigene Versamung und Samenflug regeneriert sich ein extensiv begrüntes Dach aber immer wieder.

Für Extensivbegrünungen sind nach FLL (1996) abweichend von DIN 18916 und DIN 18917 folgende allgemeine Abnahmekriterien vorzugeben:

- Die angesäte oder angepflanzte Vegetation sollte vor der Abnahme eine Ruheperiode und, sofern witterungsbedingt möglich, eine Trockenphase oder Frostphase überdauert haben. Der abnahmefähige Zustand wird in der Regel innerhalb von 12 -15 Monaten erreicht.
- Durch Ansaat und Ausstreuen von Sedum-Sprossen hergestellte Begrünungen sollen einen möglichst gleichmäßigen Bestand bilden, der im nicht geschnittenen Zustand mindestens 60% projektive Bodendeckung hat. Als Faustregel gilt, daß der Bestand zu mindestens 60% aus den Arten der Saatgutmischung besteht. Natürlich muss bei der Ermittlung des Deckungsgrades der artgemäße jahreszeitliche Zustand der Pflanzen berücksichtigt werden.

Ammen- und Fremdvegetation zählen nicht zum geforderten Deckungsgrad. Nimmt die Ammen- und Fremdvegetation mehr als eine 20% anteilige Deckung ein, ist der abnahmefähige Zustand noch nicht erreicht.

- Sedumsprossen müssen noch mit 75% der ausgeschriebenen Menge angewachsen sein.
- Fertigrasen und Vegetationsmatten sollten fest und nicht abhebbar wurzeln. Der verlangte Artenbestand und dessen an-

teiliger Deckungsgrad müssen vorhanden sein. Die Gesamtdeckung hat bei Fertigrasen mindestens 75% zu betragen.

- Ballenpflanzen sollten in der ausgeschriebenen Anzahl und in bestandsgerechter Vitalität vorhanden sein. Die Pflanzen müssen ein artgerechtes Wachstum zeigen und im Substrat der Vegetationsschicht wurzeln.
- Herbizidanwendung ist nicht zulässig.

- Eine durch übermäßige Düngung und Wässerung mastige und damit verweichlichte Vegetation ist nicht abnahmefähig.

Bei Extensivbegrünung ist in der Regel keine Unterhaltspflege notwendig. Ein oder zwei Kontrollgänge pro Jahr sind jedoch empfehlenswert. Dabei können u.U. Fehlstellen nachgesät werden sowie nicht gewollte Fremdvegetation und Verunreinigungen bei Dachabläufen entfernt werden.

9. Dichtigkeitsprüfung

Die Dichtigkeitsprüfung gehört zu den Leistungen des Dachdeckers.

Auf jeden Fall sollte die Dichtigkeit zunächst durch Augenschein vorgenommen werden. Die sicherste Methode besteht darin, mit einem Schraubenzieher zu überprüfen, ob alle Nahtkanten vollständig dicht verschweißt sind.

Bei Dächern mit Aufkantungen und geringen Neigungen ist die Überprüfung durch Anstaubewässerung am sichersten. Bei stärker geneigten Dächern kann dies durch langanhaltende Beregnung erfolgen.

Da das Wasser sich in der Dachkonstruktion bzw. in der Dämmung ausbreiten kann, ist es oft schwierig, Leckstellen zu lokalisieren. In diesem Fall kann das Elektro-Impuls-Verfahren helfen. Dabei wird an der feuchten Stelle der Deckenunterseite ein Elektropol angebracht, der mit einem Gegenpol als Sensor verkabelt ist. Dieser wird auf das Dach geführt. Bei verstärktem Stromfluss ist die Leckstelle lokalisiert. Das Verfahren kann auch nachträglich bei einem fertiggestellten Gründach angewendet werden.

10. Eigenleistungen

Dachabdichtungen bzw. Durchwurzelungsschutz müssen sehr sorgfältig verlegt werden, was aus Gründen der Gewährleistung
durch Fachfirmen erfolgen sollte. Dabei ist
darauf zu achten, dass die Gewährleistung
nicht nach VOB, sondern ausdrücklich für
einen längeren Zeitraum vereinbart wird.
Einige Firmen bieten eine Garantie auf
Dichtigkeit der Dachhaut für 10 Jahre.
Auch die Planung der konstruktiven Details
sollte am besten von Fachleuten übernommen werden, wenn eine lange Lebensdauer
angestrebt wird.

Eigenleistung ist gut möglich beim Aus-
messen der Dachfläche und Einholen von
Angeboten. Es ist zu empfehlen, daß von
mehreren Firmen Angebote eingeholt und
verglichen werden. (Je nach Anfahrtsweg
und Jahreszeit können die Preisunterschie-
de erheblich sein). Da Laien häufig einzelne Positionen bei der Leistungsbeschrei-
bung übersehen, ist es sinnvoll, ein Pau-
schalangebot einzuholen, das sämtliche
Leistungen beinhaltet. Dafür muss lediglich
das Ziel der Begrünung, der Schichtaufbau,
Lage, Neigung und Fläche des Daches, Art
der Randabschlüsse und Regenabläufe angegeben und auf besondere Schwierigkeiten bei der Ausführung hingewiesen werden. Die Baustelleneinrichtung sollte im
Preis enthalten sein.
Es ist empfehlenswert, dass der Auftrag-
nehmer vorher die Baustelle besichtigt, damit er nicht aufgrund von Unkenntnis
Nachforderungen stellen kann. Das Ange-
bot muss neben der rechtsverbindlichen

Unterschrift mit Ort, Datum und Stempel
versehen sein, sowie eine Gültigkeitsdauer
enthalten. Sinnvoll ist ferner, Baubeginn
und Fertigstellung festzulegen.
Mängel an ausgeführten Leistungen sind
umgehend schriftlich anzuzeigen und deren sofortige Beseitigung schriftlich zu ver-
langen.

Bei dem Schullandheim in Heesen wurde
die wurzelfeste Dachhaut im Werk in einem Stück vorgefertigt, mit Hilfe eines Au-
tokrans auf das Dach gehoben und dann in
Eigenleistung ausgebreitet und befestigt
(Abb. 10.1). Dies hatte den Vorteil, dass die
Dachhaut im Werk sehr viel schneller und
sicherer zu einem Stück zusammenge-
schweißt und das Dach in sehr kurzer Zeit
regensicher eingedeckt werden konnte.
Auch die Aussaat der Wildgräsermischung
wurde in Eigenleistung getätigt. Abbildung
10.2 zeigt das Grasdach nach der ersten
Wachstumsperiode.

Wird die Wurzelschutzschicht selbst verlegt, so ist darauf zu achten, dass sie am
Rand befestigt oder durch Ballast gesichert
ist, damit sie nicht vom Wind weggeweht
wird.
Das Substrat und die Vegetation lassen sich
meist ohne Schwierigkeiten in Eigenleistung aufbringen.
Steht ein Frontlader oder ein Bagger zur
Verfügung und ist die Traufe niedrig, kann
der Oberboden damit problemlos mit mine-
ralischem Schüttgut vermischt und auch
auf das Dach aufgebracht werden. Bei hö-

10.1
Montage einer vor-
gefertigten Dachhaut
mit Autokran

10.2
Grasdach nach einer
Wachstumsperiode

heren Dächern tut ein Dachdeckeraufzug gute Dienste, den man sich für einen Tag oder ein Wochenende ausleihen kann. Die Verteilung des Substrats auf dem Dach erfolgt dann mit Schubkarre und Schaufel.

Die preiswerteste Lösung zur Begrünung ist das Aussäen von Samen. Entsprechende Mischungen gibt es im Fachhandel (siehe auch Kap. 13).

Bei der Trockenaussaat reichen 3 – 8 g Samen pro m². Da es schwierig ist, das Saatgut gleichmäßig per Hand auszustreuen,

empfiehlt es sich, trockenen Sand oder Sägemehl unterzumischen.

Nach der Aussaat sollte der Samen leicht eingeharkt und gewalzt werden, so dass die Samen einen guten Bodenschluß haben und etwa 5 mm mit Substrat überdeckt sind. In den ersten Wochen der Keim- und Anwachsphase muss das Substrat feucht gehalten werden. Wird Samen durch starken Wind oder durch Regenfälle abgetragen bzw. durch Vögel gefressen, muß nachgesät werden.

Um Wind- und Wassererosion zu vermeiden, empfiehlt sich eventuell eine Fixierung mit Zellulose-Klebern, die nachträglich auf die feuchte Oberfläche gesprüht werden.

Von einigen Firmen gibt es auch mit Samen und Sprossen angereichertes Substrat, das in 1 bis 2 cm dicken Schichten aufgetragen wird und den Vorteil hat, dass es Feuchtigkeit gut speichert und durch seinen Kleber- bzw. Zellulosegehalt nicht so leicht durch Regen abgespült und durch Wind abgeweht werden kann.

Bei geneigten Dächern mag es auch sinnvoll sein, in Abständen Grassodenreihen zu verlegen und dazwischen anzusäen. Damit wird das Abspülen durch Regen gebremst und der Begrünungsprozess beschleunigt (Abb. 10.3).

Schnell und preiswert läßt sich eine Begrünung mit Fertigrasen („Rollrasen") herstellen. Fertigrasen gibt es aufgerollt in den Abmessungen 0,50 m x 1,00 m (Abb. 10.4) oder 0,40 m x 2,50 m. Die Substratdicke beträgt etwa 2 cm, der Rasen ist gemäht. Die Grasmischungen sind allerdings meist für Sport- oder Landschaftsrasen eingestellt und enthalten dann nicht die optimale Wildgräsermischung für die Extensivbegrünung. Mit Trockenschäden und Ausfällen muss gerechnet werden. Bei 15 cm Substratdicke treten aber relativ wenig Schäden auf. Die Vegetation stellt sich meist im Laufe der ersten Jahre von selbst um, eventuell muß nachgesät werden.

Beim Verlegen des Rollrasens sollten die Ränder gut aufgedrückt und die Fugen gegebenenfalls mit Substrat gefüllt werden (Abb. 10.5). Anderenfalls trocknen die Ränder zu schnell aus und es kommt zu Ausfällen. Auch bei Fertigrasen ist zu empfehlen, die Vegetation in den ersten Wochen feucht zu halten. Es ist sinnvoll, direkt nach dem Verlegen zu bewässern.

10.3 Dachbegrünung mit Grassoden und Aussaat (oben)

10.4 Rollrasen (Mitte)

10.5 Verlegen von Rollrasen (unten)

11. Kosten, Lebensdauer

Exakte Aussagen über Kosten zu machen, ist nicht möglich. Angebote von Firmen für komplette Gründächer können um bis zu 80% schwanken. Die Auftragslage der Firmen, der Transportweg, die Zugänglichkeit des Grundstücks und die Jahreszeit können einen großen Einfluss auf das Kostenangebot haben.

Kostensparendes Bauen fängt bei der Planung an, deshalb: möglichst wenig Dachdurchbrüche, keine zu große Dachneigung und eine einfache Randausbildung wählen. Wird dies berücksichtigt, liegen die Kosten dann meist geringfügig über den Kosten vergleichbarer konventioneller Dachdeckungen. Die Mehrkosten schwanken zwischen 0 und 15%, je nach Einzelfall. Für eine einfache Extensivbegrünung sind die Kosten etwa gleich groß wie die Kosten, die für ein bekiestes Dach anfallen (Dürr 1995, Umweltbehörde Hamburg 1987).

Abdeckungen von Dachgauben (vgl. Abb. 11.1), die bei konventionellen Dächern erhebliche Mehrkosten verursachen, können bei Gründächern kostengünstiger erstellt werden , so dass dadurch unter Umständen die geringen Mehrkosten eines Gründachs wieder ausgeglichen werden können. Das gleiche gilt für kuppelförmige Dächer, die mit einem Vegetationsdach ebenfalls kostengünstiger gedeckt werden können als beispielsweise mit Schindeln oder Ziegeln (Abb. 11.2).

Berücksichtigt man die Lebensdauer und Reparaturanfälligkeit von Dächern, so sind Gründächer mit Extensivbegrünungen in jedem Fall ökonomischer als alle anderen Dachausbildungen. Hinzu kommt, dass ein Gründach zusätzliche Wärmedämmung und sommerlichen Wärmeschutz bietet, was bei einem Kostenvergleich mit berücksichtigt werden müsste. Bei Kommunen, die entsprechend ihrer Abwassersatzung für versiegelte Flächen einen gesonderten Betrag berechnen, ergibt sich für begrünte Dächer ein Nachlaß, der beispielsweise 1,20 DM je m² und Jahr betragen kann (Hämmerle o.J).
Die Kosten für Extensivbegrünungen liegen zwischen 40 und 95 DM/m² ohne Randabschlüsse (Dürr 1995, Firmenangaben). Intensivbegrünungen mit Bepflanzungen sind wesentlich teurer, sie kosten zwischen 100 und 400 DM/m².

Bei der wurzelfesten Dachabdichtung sollte nicht gespart werden. Die billigste Lösung, eine bis zu 8 m breite, 0,5 mm dicke PE-Folie kostet im Handel etwa 4,50 DM/m². Sie ist aber leicht verletzbar und sollte allenfalls auf einem Carportdach verwendet

11.1 Grasdach mit integrierter Dachgaube

werden, wenn darüber und darunter ein Schutzvlies gelegt wird.

Aus ökologischer Sicht weniger empfehlenswert sind PVC-Folien, die auch als „Teichfolien" verkauft werden. Sie lassen sich einfacher verschweißen und kosten bei 1 mm Dicke 8 bis 16 DM/m².

Schutzvliese aus recyceltem Polypropylen (z.B. aus Joghurtbechern) sind am preiswertesten und kosten etwa 1,50 DM/m². Andere Vliese sind je nach Art und Dicke für etwa 1,50 bis 5 DM/m² erhältlich.

Für Gründächer sind wurzelfeste Dachhäute aus beschichtetem Gewebe mit 1,5 bzw. 2 mm Dicke zu empfehlen. PVC-beschichtete Gewebe kosten einschließlich Verlegen 27 bis 45 DM/m². Sind dabei ökologische Kriterien entscheidender als ökonomische, werden anstelle der preiswerteren PVC-beschichteten Materialien polyolefinbeschichtete Gewebe gewählt. Diese kosten auf dem Dach fertig verlegt etwa 38 bis 45 DM/m², wobei für das Verlegen ein Anteil von etwa 14 DM/m² entsteht. Für Randabschlüsse muß mit 36 bis 48 DM/m² gerechnet werden.

Drefahl (1995, S. 20) berichtet von einer Bestandsaufnahme in Berlin, die ergab, daß bituminös eingedeckte Flachdächer teilweise bereits nach 8 Jahren völlig saniert werden mußten und daß die maximale Lebensdauer nur 18 Jahre betrug. Die Lebensdauer konventioneller Flachdächer liegt nach Schild (1986) bei durchschnittlich 22,5 Jahren, Reparaturen fallen bei Flachdächern etwa alle 7 Jahre an. Das bedeutet, daß nach 22,5 Jahren nicht nur die kompletten Herstellungskosten anfallen, sondern zusätzlich Abriß- und Entsorgungskosten enstehen, die in der Regel höher als die Herstellungskosten sind. Das heißt also, daß nach diesem Zeitraum ein konventionelles Flachdach mehr als doppelt so teuer geworden ist als ein exensives Gründach. Götze (1986) hat als Sachverständiger für Bauschäden festgestellt, dass „die flachdachüblichen Mängel schon durch den Grünaufbau selbst kompensiert werden, weil dieser deren Grundursachen eliminiert".

Bei Gründächern ist mit einer Lebensdauer von über 100 Jahren zu rechnen. Die historischen begrünten „Holzzement-Dächer" in Berlin, die seit etwa 90 Jahren schadensfrei sind, mögen dies belegen (Drepper 1983, Darius und Drepper 1985). „Moderne" schadensfreie Gründächer mit wurzelfesten Dachbahnen gibt es seit über 20 Jahren. Heute ist es unproblematisch, auf Dauer wurzelfeste Dachhäute zu verlegen, deshalb geben inzwischen viele Firmen eine 10-jährige Gewährleistung auf die Funktion des Wurzelschutzes, wenn man dies ausdrücklich fordert.

Wichtig ist jedoch für die Lebensdauer, dass auch die Randanschlüsse gegen UV-Strahlen geschützt sind. Die Randabdeckungen sind bei einem Gründach die einzigen Teile, die ebenfalls wie bei konventionellen Dächern eine geringere Lebensdauer haben.

Dränschichten kosten nach Drefahl (1995, S. 57) 18 bis 35 DM/m².

11.2 Waldorf-Kindergarten, Wennigsen-Sorsum

11.3 An den Dachrändern entstehen interessante Wuchsformen: Klee, der sich in der „Dachwiese" nicht entwickeln kann, bildet am Dachrand, wo er genügend Sonne bekommt, Ranken bis 1 m Länge.

12. Förderprogramme

Seit Beginn der 90er Jahre hatten viele grössere Städte Förderprogramme für Hof-, Fassaden- und Dachbegrünungen aufgelegt. In der Regel wurden die Materialkosten, teilweise auch Planungskosten bezuschusst. In einigen Fällen wurden bis zu 80 DM/m^2 und bis zu 8000 DM je Maßnahme bezahlt (Dürr 1995). Inzwischen sind aber bei vielen Städten die Förderprogramme ausgelaufen.

Eine 1996 durchgeführte Umfrage bei 339 Städten, bei der 193 Städte antworteten, ergab, dass davon 28 Städte direkte Fördermaßnahmen und 13 Kommunen eine indirekte Förderung durch Senkung der Abwassergebühren boten (Dach + Grün 1997). Es ist also empfehlenswert, bei der Gemeinde bzw. dem zuständigen Planungsamt anzufragen, ob Zuschüsse gewährt werden.

13. Bezugsquellen, Auswahl

Komplette Dachbegrünungs-Systeme

Antec, Schiffbauer Damm 17,
    10117 Berlin
awaflor, A.W. Andernach,
    Postfach 300161, 53181 Bonn
Bauder GmbH & Co.,
    Postfach 311151, 70471 Stuttgart
BECO, Rotterdammer Str. 7,
    90451 Nürnberg
DAKU GmbH, Gallileo-Gallilei-Str. 24,
    55129 Mainz-Hechtsheim
OBS GmbH, Postfach 1711,
    59407 Unna
Oekofloor, Limburger Str. 42 a,
    61462 Königstein
Optima Zentrale Nord, Lindenweg 90,
    25436 Tornesch

Optima Zentrale Süd, Am Birkenstock 19,
    72505 Krauchenwies
Plantener, Am Tonwerk 1,
    82275 Emmering
re-natur, Charles-Ross-Weg 24,
    246001 Ruhwinkel
Technoflor GmbH,Stiftstr. 24,
    42479 Wülfrath
Terra tec, Meßbacher Str. 85,
    08527 Plauen
Vedaflor, Huttenheimer Str. 31,
    76661 Philippsburg-Rheinsheim
ZinCo GmbH, Grabenstr. 33,
    72669 Unterensingen

Wurzelschutzbahnen

Alkor, Morgensternweg 9,
  81479 München
Alwita, Postfach 3950, 54229 Trier
Andernach GmbH u. Co KG,
  Postfach 300161, 53181 Bonn
Börner GmbH, Postfach 1254,
  36222 Bad Hersfeld
Braas Flachdachsysteme, Landstraße 2,
  61440 Oberursel
Cenotec GmbH, Am Eggenkamp 14,
  48268 Greven
Dörken AG, Wetterstr. 58,
  58313 Herdecke (Noppenfolien)
Freudenberg, Höhnerweg 2,
  69469 Weinheim
Grünau Illertissen GmbH, Moselstr. 35,
  63452 Hanau
Kemper System GmbH, Holländische
  Str. 32, 34246 Vellmar
  (Flüssigabdichtung Kemperol)
Odenwald-Chemie GmbH, Ziegelhäuser
  Str. 25, 69250 Schönau
Sarnafil GmbH, Kapellenstr. 7,
  85622 Feldkirchen
Werra-Plastic GmbH u. Co KG,
  Industriestr. 2, 36269 Philippsthal
Wilkoplast-Kunststoffe,
  Alter Flughafen 21, 30179 Hannover

Dränmatten, Dränpartikel, Vliese

Carl Freudenberg, Höhnerweg 2,
  69469 Weinheim (Dränmatten)
Colbond Geosynthetics GmbH,
  Kasinostr. 19 – 21, 42103 Wuppertal
  (Dränmatten, Vliese)
Leca Deutschland GmbH, Postfach 1755,
  25407 Pinneberg-Waldenau (Blähton)
Lias-Franken, Industriestr. 2,
  91352 Halierndorf (Blähton)
Lias Tuningen, Postfach 20,
  78609 Tuningen (Blähton)

Rollrasen, Vegetationsmatten, Saatgut

Flora-Naturprodukte, Am Langen
  Luch 10, 16831 Rheinsberg
  (Vegetationsplatten)
Juliwa-Hesa GmbH, Mittelgewann 13,
  69123 Heidelberg-Wieblingen
  (Fertigrasen, Sedum-Sprossen, Saatgut)
Frömmel, Fahrkamp 10, 45489 Mühlheim
  (Sedum-Sprossen, Wildkräuter)
G.U.T. Umwelttechnik GmbH,
  Kundleber Str.99, 99867 Gotha
  (Begrünungsmatten aus Recycling-Baum-
  wollfasern)
Strodthoff & Behrens, Annen Nr. 3,
  27243 Groß Ippener (Rollrasen, Vegeta-
  tionsmatten, Sedumsprossen)
Xero-Flor Begrünungssysteme,
  Bergstr. 16 a, 14797 Damsdorf
  (Vegetationsmatten, Rollrasen)

14. Literatur

Bartfelder, F. und Köhler, M.: Stadt-klimatische und lufthygienische Entlastungseffekte durch Kletterpflanzen in hochbelasteten Innenstadtbezirken. Verh. d. Gesellschaft f. Ökologie, Gießen 1986 Band XVI

Dach + Grün (Stuttgart), Heft 2/1997 S. 5-7

Darius, F. und Drepper, J.: Rasendächer in Berlin, Ökologische Untersuchungen auf alten Berliner Kiesdächern, in: Liesecke, H.-J. (Hrsg.): Dachbegrünung, Patzer Verlag Berlin/Hannover 1985

Delta-Green System Prospekt, Henningen o.J.

DDV - Deutscher Dachgärtner Verband e.V., Baden-Baden: Dachgärtnerrichtlinien 1985

Drefahl, J.: Dachbegrünung, Köln 1995

Drepper, J.: Pflanzen auf alten Berliner Häusern, in: Stiftung Naturschutz Berlin (Hrsg.): Das Gründach. Selbstverlag, Berlin 1983

Dürr, A.: Dachbegrünung. Bauverlag, Wiesbaden 1995

Durm, I. et al.: Handbuch der Architektur Verlag Bergsträsser. Darmstadt 1984

FLL - Forschungsgesellschaft Landschaftsentwicklung, Landschaftsbau e.V.: Richtlinien für die Planung, Ausführung und Pflege von Dachbegrünungen. Bonn 1996

FLL - Regel-Saatgut-Mischungen, Bonn 1996

Gertis, K.; Wolfseher, U.: Veränderungen des thermischen Mikroklimas durch Bebauung, in: Gesundheits-Ingenieur 1 / 2 1977, S. 1-10

Gösele K.; Schüle, W.: Schall, Wärme, Feuchte. Wiesbaden/Berlin 1983

Götze, H.: 1985, Dachbegrünung, in: Institut für das Bauen mit Kunststoffen (Hrsg.): Seminar-Handbuch 77, Darmstadt 1986

Grützmacher: Grasdach. Callwey, München 1984

Hämmerle F.: Das Gründach rechnet sich. In: DDH-Edition Gründach, o.O., o.J., S. 30-35

Katzschner, L.: Ergebnisse des Versuchs zur Abflußmessung eines Grasdachs, unveröffentlichter Bericht, Gesamthochschule Kassel 1991

Klindt, L.: Begrünte Dächer, in: Deutsches Architektenblatt 9/91, S. 1388

Kolb,W., Schwarz, T.: Dachbegrünung intensiv und extensiv. Ulmer, Stuttgart 1999

Krupka, B.W.: Dachbegrünungen und Grasdächer. Verlag R. Müller, Köln 1986

Landesinstitut für Bauwesen des Landes NRW (Hrsg.): Dach- und Fassadenbegrünung. Aachen 1998

Lötsch, B.: Stadtklima und Grün, in: Andritzky, Spitzer (Hrsg.): Grün in der Stadt. Reinbek 1981, S. 134-153

Liesecke, H.J. et al.: Grundlagen der Dachbegrünung; in: Forschungsgesellschaft Landschaftsentwicklung, Landschaftsbau (Hrsg.). Patzer, Berlin 1989

Minke, G.: Fassaden- und Dachbegrünung – ein ökonomischer Beitrag zum ökologischen Bauen, in: Schwarz, U.(Hrsg.): Grünes Bauen, Reinbek 1982, S. 149-173

Minke, G.; Witter, G.: Häuser mit grünem Pelz. Fricke Verlag, Frankfurt 1982

Minke, G.: Experimentelles Bauen. Ökobuch, Staufen 1985

Mürb, R.: Städtebauliche und ökologische Aspekte von Dachgärten ..., in: Deutsches Architektenblatt 4/1981, S.529-532

Nünninghoff, R. Sczepanski, K.: Galfan, ein neuartiger verbesserter Korrosionsschutz für Stahldrähte, in: Draht 38 (1987) 1, S. 42-45 und 2, S. 125-129

Ohlwein, K.: Dachbegrünung Bauverlag Wiesbaden, Berlin 1984

Olschowy, G.: Landschaft und Technik. Hannover/Berlin/Sarstedt 1970

Penningsfeld et al.: Prüfung verschiedener Wurzelschutzbahnen für Dachgärten, in: Garten und Landschaft, H.8/1981, S. 584-591

Robinette, G.O.: Plants, People and Environmental Quality. US Department of Interior. Washington, 1972

Prospekt System „Delta-Green", Rothfuß Stahlprodukte, Schloßhaldenstr. 7, 71282 Henningen

Schild, E., Oswald, R. (Hrsg.): Genutzte Dächer und Terrassen - Konstruktion und Nachbesserung begangener, bepflanzter und befahrener Flächen. Bauverlag Wiesbaden und Berlin 1986

Stifter, L.: Dachgärten. Ulmer, Stuttgart 1988 Umweltbehörde Hamburg (Hrsg.): Dachbegrünung als stadtökologische Maßnahme zur Umweltverbesserung. Hamburg, 1987

Umweltbundesamt (Hrsg.): Dachbegrünung. Berlin 1987

Zentralverband des Deutschen Dachdeckerhandwerks e.V.: Flachdachrichtlinien für die Planung und Ausführung von Dächern mit Abdichtungen - Flachdachrichtlinien. Müller-Verlag, Köln 1992

ZinCo Dach-Systeme: Das grüne Dach, Planung + Ausführung, Seminar 92/93

ZinCo: Planungshilfe Das grüne Dach. Unterensingen, 6. Aufl. 1998

15. Bildquellen

Bernd Baier: 1.1, 5.1 und Seite 30 unten
Wolfgang Willkomm: 1.5
Martin Küenzlen: 2.5, Seite 22 oben und Seite 23 unten
DAKU GmbH: 5.13
Matthias Brinkmann: 7.1
Klaus Ohlwein: 10.2

Alle übrigen Abbildungen stammen vom Autor.

Die Zeichnungen ohne Quellenangabe fertigte Vera Friederike Frey.

16. Stichwortverzeichnis

Weitere Bücher im ökobuch Verlag

Gottfried Haefele, Wolfgang Oed, Ludwig Sabel
Hauserneuerung
Instandsetzen - Renovieren - Modernisieren: eine Anleitung zur Selbsthilfe. Das Buch beschreibt ausführlich den behutsamen, handwerklich sachgerechten und umweltverträglichen Umgang mit alter Bausubstanz.
237 S., 200 Abb., 21 x 21 cm , 8. verbesserte Aufl. 2003 25,50 €

Holger König
Wege zum gesunden Bauen
Aus dem Inhalt: richtige Baustoffwahl, geeignete Baukonstruktionen mit Eigenschaften und Anwendungsbereichen, Beispiele ausgeführter Häuser, Baunormen, Bauphysik, Preise und Bezugsquellen.
264 S. m. v. Abb., 21 x 21cm gebunden, 10.Aufl. 1998 25,50 €

Andreas Haller, Othmar Humm, Karsten Voss
Renovieren mit der Sonne
Lösung von Altbauproblemen durch Integration von Elementen mit aktiver und/oder passiver Solarenergienutzung. Einsatzbereiche, Kostenrichtwerte und beispielhafte Lösungen. 180 S. m.vielen Abb., 17x24 cm, gebunden, 2000 25,50 €

Othmar Humm
NiedrigEnergieHäuser
Theorie und Praxis. Von planerischen Konzepten über Baukonstruktionen, neue Produkte und energietechnische Maßnahmen wird gezeigt, wie moderne Niedrigenergiehäuser geplant u.gebaut werden.
294 S., m.v. Abb., 21 x 21 cm gebunden, 7. Aufl. 1998 29,60 €

Ingo Gabriel, Heinz Ladener, Hrsg.
Vom Altbau zum Niedrigenergiehaus
Energietechnische Gebäudesanierung in der Praxis: Nachträglichen Wärmedämmung der Gebäudehülle, Fenstererneuerung, sowie Sanierung der Haustechnik einschließlich Lüftung Heizung, Sanitär und Elektro.
262 S. m.v.z.T. farb. Abb., 21 x 21 cm, geb. 3. überarbeit. Aufl. 2002 29,90 €

Christopher Day
Bauen für die Seele
Architektur im Einklag mit Mensch und Natur. Eine Anleitung zu einer bewußteren Wahrnehmung der gebauten Umwelt. 189 S.m.v. Abb., 21x21cm, 1998 20,40 €

Gernot Minke
Dächer begrünen – einfach und wirkungsvoll
Ratgeber über die Begrünung von Wohn- und Bürogebäuden, Garagen und Carports. Mit Konstruktionsdetails, Dachaufbauten, Begrünungssystemen, Kosten u. Selbstbauhinweisen. 94 S. m. v. Abb., 17 x 24 cm, 2- Aufl. 2003 12,70 €

Gernot Minke
Das neue Lehmbau-Handbuch
Umfassendes Lehrbuch und Nachschlagewerk: Es zeigt Einsatzmöglichkeiten, Eigenschaften und Verarbeitungstechniken des Baustoffes Lehm. Mit Forschungsergebnissen u. Beschreibungen ausgeführter Lehmhäuser.
340 S. m.v. Abb., 21 x 21 cm, gebunden, 5. überarb. u. erw. Aufl. 2001 35,30 €

Othmar Humm

NiedrigEnergie- und PassivHäuser

Schneller Einstieg in die Techniken zukunftsweisenden Hausbaus: hochwärmedämmende Wand-, Dach- und Fensterkonstruktionen, Sonnenenergienutzung, Heizungs- und Lüftungstechnik. 126 S. m.v.Abb., 17 x 24 cm, 1998   15,30 €

Edgar Haupt

Wintergärten - Anspruch und Wirklichkeit

Ausführliche, praxisnahe Anleitung für Planung und Bau von Wintergärten: Raumklima, Konstruktionen, Materialien, Verglasungs- u. Klimatisierungssysteme, Bauschäden, Hinweise f.d. Bepflanzung. 3. erw. Aufl. 2001, 190 S.   22,50 €

Heinz Ladener, Frank Späte

Solaranlagen

Grundlagen, Planung, Bau und Selbstbau von Solaranlagen zur Warmwasserbereitung und Raumheizung: Das Handbuch für Planer, Handwerker und Selbstbau-Interessierte. 265 S. m. vielen Abb., 21 x 21 cm, gebunden, 7. Aufl. 2001   29,60 €

Anreas Henze, Werner Hillebrand

Strom von der Sonne

Photovoltaik in der Praxis: Techniken, Anwendungsmöglichkeiten, Marktübersicht und Anleitung zum Selbstbau kleiner autonomer Stromversorgungsanlagen für Hütten und Fahrzeuge. 133 S. m.v.Abb., 17 x 24 cm, 1999   12,95 €

Heinz Schulz

Biogas-Praxis

Nach den Grundlagen werden Anlagentechnik und Konstruktionsvarianten ausführlich beschrieben: Planung, Kofermentation, Hygienisierung u. ausgeführte Anlagen. 187 S. m.v.Abb., 21 x 21 cm, 2. Aufl. 2001   25,00 €

Maggy Howarth

Kieselstein-Mosaik

Schöne Böden für Wege und Lieblingsplätze im Garten selbst gestalten. Exakte Anleitungen für einfache und fortgeschrittene Arbeiten mit Tips aus der Praxis. Viele Gestaltungsvorschläge geben Anregung für eigenes kreatives Schaffen. 118 S. m.vielen z.T. farb. Abb., 2001   20,40 €

Claudia Lorenz-Ladener, Hrsg.

Lauben und Hütten

Einfache Paradiese zum Selbstbauen. Bauanleitungen für einfache Behausungen (Tipi, Baumhaus, Kuppelbau, Hogan etc.), sowie für architektonisch gelungene Gartenlauben, die im Garten oder in freier Natur leicht errichtet werden können. 2002, 190 S. m. v.Abb., geb.   22,50 €

Jon Warnes

Mit Weiden bauen

Anleitungen für Zäune. Laubengänge, Wigwams, Sitzplätze und grüne Kuppeln. Pflanzen und Arbeiten mit lebendem Material, aus dem sich viele schöne, nützliche Dinge herstellen lassen. 2001, 60 S. m.v.farb. Abb., geb.   12,95 €

Daniel Mack

Möbel aus Wildholz

Wieviel Äste braucht ein Stuhl? Der Autor stellt moderne Wildholzmöbel vor und beschreibt genau, worauf es bei der Auswahl des Holzes ankommt, wie Wildholz bearbeitet u. zu Möbeln zusammengefügt wird. 168 S. m.v.Abb., 1999   15,50 €